무기력

인생이 흔들리니?

한국장로교출판사

인생이
흔들리니?

프롤로그

　나는 심방을 강조하는 목사이다. 물리적 한계 때문에 지금은 모든 가정을 심방하지 못하지만, 심방을 게을리하지 말라고 동역자들에게 항시 당부한다.
　그 이유는 성도들의 삶과 신앙이 무관하지 않기 때문이다. 돈이 다냐라고 말하지만, 돈 때문에 인생이 흔들리는 사람들을 거의 날마다 본다. 또한 자녀의 문제로 성전에서 밤낮으로 애통하고 절규하는 성도들을 거의 날마다 마주치게 된다. 가정의 불화와 다툼으로 가슴을 쥐어짜는 성도들도 있다. 인생이 흔들리고 있는 것이다.
　인생이 흔들릴 때, 복음은 어떤 의미와 능력이 있는가? 교회는 과연 진정한 피난처가 될 수 있는가?
　피조물 인간을 지으신 분은 하나님이시다. 인간의 생애, 즉 인생을 설계하시는 분이 하나님이심을 우리 중 누가 부정할 수 있는가? 그래서 때로는 묵묵부답이신 듯해도 주님께만 답이 있음을 우리는 고백할 수밖에 없다.
　하나님께서는 흔들리는 인생을 붙들어 주신다. 때로는

흔들리다 못해 쓰러져 어떤 소망도 없을 때까지 손놓고 계시는 듯하다 어느새 일어나셔서 풍랑을 잠잠케 하시는 주님을 우리는 목격하게 된다.

흔들리지 않는 인생이 이 세상 어디에 있을까?

모든 인생은 부재(不在)에서 출발한다. 그래서 욕망은 끝이 없고, 만족은 찾아오지 않는다. 어려워서 흔들리는 것이 아니라, 인간의 욕망과 믿음 없음이 인생을 흔들고 있는 것 아닌가?

『무기력:인생이 흔들리니?』는 인생이 흔들릴 때를 주제로 한다. 흔들림의 근본원인과 그 흔들림조차도 선으로 이루시고마는 하나님의 절대능력을 다시 생각해 보고자 한다.

책으로 내놓기에는 다듬어지지 않았고, 대단한 내용을 담고 있지도 않다. 그럼에도 용기를 내서 책을 출판하게 된 것은 혹 한사람이라도 이 책을 통해서 신앙의 중심을 잡을 사람이 있으리라는 막연한 기대와 믿음에서였다.

어느덧 교회를 개척한 지 17년차에 접어든다. 좌충우돌하면서, 준비되지 못한 목회의 여정을 걸어왔다. 그것을 곁에서 지켜보고, 기도했던 성도들의 고통은 또 얼마나 컸을까? 그럼에도 불구하고 지금까지 기도하면서 기다려 준 제자광성교회 성도들께 감사의 마음을 전하고 싶다. 또한 가장 가까운 자리에서 부족한 목사, 남편, 아비로서의 모습을 묵묵히 지켜보면서 함께했던 아내 정미와 지금 일 년간 단기선교를 떠나 연단받고 있는 하나밖에 없는 딸, 서윤에게 고마움과 미안함을 전한다.

저를 위해 지금까지 한결같이 기도해 주시는 수많은 국내외의 동역자들께도 감사를 드린다.

그리고 부족한 줄 알면서도 책을 출판해 주신 한국장로교출판사 박창원 사장님과 관계자들께도 감사를 드린다.

그 누구보다도, 단 한 점의 의도 없는, 죄인 중의 괴수를 부르사 목회의 두려운 영광을 허락하신, 내 주 예수 그리스도께 영광을 돌린다.

목양실에서
박한수

차례

힘들어서, 망해서, 상처받아서 얻게 된 깊이 _ 10

세상에 던져진 용기 _ 29

비워 둔 자리에 오시는 분 _ 46

꿈을 주시는 하나님 _ 60

하나님의 뜻을 알 수 있을까 _ 78

아픔에 슬픔을 허하라 _ 98

선을 이루시는 하나님 _ 117

하나님과 벽이 느껴질 때 _ 138

가까이 둔 희망의 세상 _ 158

힘들어서, 망해서, 상처받아서
얻게 된 깊이

욥기 23:1~10

　요즘 코로나 때문에 사회도 많이 위축됐지만 교회도 많이 위축됐지요. 그런데 이럴 때일수록 위축되지 말고 기도해야지 핑계를 댈 필요 없습니다. 교회 문이 닫혀 있으면 두드려야죠. 한 번에 많은 사람이 예배를 드릴 수 없으면 두세 번이라도 나눠서 예배해야지요. 그렇게 힘들었던 IMF 때도 돈 번 사람이 있고 가치가 올라간 기업이 있어요. 모두가 침체기라고 하는 그때도 성장하는 사람이 있는 거예요. 코로나라고 밥 안 먹은 사람 없잖아요. 쫓겨날까 봐 걱정이지. 코로나라고 직장 안 다니는 사람이 어딨어요? 사탄에게 승부수를 던져야 합니다. "이거 하나 건드리기보다 다른 데 가서 건드리는 게 낫지. 아주 질려 버렸다." 사탄을 질리게 만들어야 합니다.

잔치가 있으면 거지도 오고 술꾼도 오고 별의별 사람이 다 오듯이, 역사가 일어나는 그곳에는 명암이 다 있는 거예요. 그러니 어둠을 무서워하지 말고 돌파하고 짓밟아 이겨 버리면 됩니다. 기도도 좀 하다 일어서지 말고, 하려면 온 마음으로 하는 거예요. 긁적이고 넘어졌다 일어났다 하지 말란 말입니다. 사생결단의 마음으로 하나님께 덤벼들고, 십자가에 덤벼들고, 사탄에게 전쟁을 선포하고, 뭔가 그런 맛이 있어야 할 거 아닙니까?

저보고 자꾸 땅을 사라고 전화가 와요. 상대를 잘못 골랐어요. 돈이 있어야 사지요. 그런데 열 번, 백 번을 듣다 보니 이제는 그렇게 좋은 땅을 소개해 줘서 고맙다고 그럽니다. 저 같으면 그렇게 좋은 땅이 있으면 남모르게 제가 사거나 가족한테 사라고 할 텐데, 왜 남한테 사라 할까 싶어요. 참 고마운 일입니다. 고마운데 진짜 없어요. 없으니까 넘어가지 않는 거죠.

우리의 상황과 처지를 바로 알고 신앙 안에 바로 서 있으면 사탄이 떠나가요. 뭔가를 주고 싶어도 내가 가진 건 다 하나님께 드릴 거고 사탄한테 줄 수 있는 게 없는데 어떻게 하겠어요. 마귀가 할 일이 없어요. 도둑도 남의 집에 뭐가 있어야 도둑질을 하지 않겠습니까?

하나님은 우리를 연단하십니다

모세를 생각해 보세요. 젊은 날 살인을 저지를 정도로 혈기왕성했던 사람입니다. 살인은 아무나 하는 게 아닙니다. 누군가를 마음으로 미워할 수는 있어도 행동으로 옮기는 사람은 극히 일부입니다. 그랬던 그가 훗날 이스라엘 민족을 출애굽시키는 민족의 지도자가 됩니다.

우리가 알다시피 40년 광야 여정 가운데 이스라엘 민족이 얼마나 불평불만이 많았습니까. 모세는 그걸 다 받아내며 그들을 보듬었습니다. 그런 모세를 가리켜 하나님은 지면에서 가장 온유한 사람이라 일컬었습니다.

그런가 하면 요셉은 어떤 사람인가요? 경솔하기 짝이 없는 사람이었어요. 어려서부터 아버지의 편애를 받아 버릇도 없고 눈치도 없고 경솔하기까지 해요. 하루는 형들한테 이렇게 이야기하는 거예요.

"형들의 단이 내 단에 절을 했어."

진짜 그런 꿈을 꿨더라도 그렇게 말하면 되겠어요? '아, 이거 봐라.' 얼마 있다가 또 이런 얘기를 하는 거예요.

"해와 달과 열한 별이 나한테 절을 했어."

그런 요셉이 형들은 얼마나 미웠는지 죽이려고까지 합니다. 결국 가까스로 목숨은 부지했지만 애굽에 종으로 팔려 갔죠. 실제 그의 꿈은 하나님의 계시였고 실현이 되죠. 그러나 사람이 안다고 다 아는 체하는 게 아니거든요.

왜 그렇게 경솔했을까요? 인생이 깊지가 않다는 거지요. 연단을 받지 않아서 그런 거지요. 가까운 사람한테 받은 상처는 더 오래 가는 법입니다. 요셉이 훗날에 총리가 돼서 자신을 애굽에 판 형들을 만났을 때, 그는 형들에게 복수를 하는 것이 아니라 오히려 울며 형들을 위로합니다. 도대체 모세와 요셉에게는 무슨 일이 있었던 걸까요?

연단을 받아야 인생이 깊어집니다. 사람은 결심한다고 바뀌는 게 아니에요. 노력한다고, 인생의 책을 만난다고 바뀌지 않습니다. 하나님을 만나야 하고, 삶에 하나님의 간섭하심이 있어야 진정한 변화가 일어납니다.

헬라어로 연단, 단련이라는 단어는 '도키메라'인데, '받아들인다'라는 뜻입니다. 고생하거나 힘들다는 게 아니라 받아들인다는 겁니다. 연단(鍊鍛)은 한자로, 단련할 '연' 자와 쇠 불릴 '단' 자로 이루어져 있습니다. 쇠를 불에도 집어넣고, 물에도 집어넣는다는 말이에요. 쇠는 불에 들어가야 불순물이 분리가 되는 거예요. 쇠는 불을 만나면 녹는 것이 아니라 야물어지고 단단해집니다. 가짜는 불을 만나면 타 버리지만, 진짜는 단단해지고 야물어집니다. 하나님께서 택하신 사람은 고난을 통해 연단을 받아 하나님께로 더 나아가는 사람, 하나님의 뜻을 받아들이는 사람입니다.

로마서 5:3~4을 보면 믿음을 이렇게 설명합니다.

"다만 이뿐 아니라 우리가 환난 중에도 즐거워하나니 이는 환난은 인내를, 인내는 연단을, 연단은 소망을 이루는 줄 앎이로다"

환난은 반드시 인내로만 이길 수 있습니다. 그런데 환난이라는 것은 시험이죠. 환난은 연단과 시험의 도구예요. 환난이 없으면 절대 자신을 돌아보지 않습니다. 우리는 등 따시고 배부르면 절대 하나님을 찾지 않습니다. 입으로는 감사하다고 고백하는데 기도가 안 나와요. 마음으로는 '이러면 안 되지!' 하는데 무릎을 안 꿇어요. 이게 어쩔 수 없는 인간입니다.

그런 인간을 시험하는 도구가 환란인데, 이걸 극복하는 방법은 '인내'밖에 없습니다. 인내를 아무것도 안 하고 그냥 참는 거라고 생각할 수 있는데, 인내는 단순히 참고 아무것도 안 하는 것이 아닙니다. 무엇을 하면서 인내하느냐가 중요합니다. 무기력하게 모든 걸 방치하고 있는 사람이 있는가 하면, 오직 하나님만을 구하며 인내하는 사람이 있습니다.

믿음의 깊이

중국에는 전혀 자라지 않다가 7년이 지나면 하루에 30센티미터씩 크는 대나무가 있다고 합니다. 7년이라는 시간을 땅속에 있지 않으면 절대로 성장할 수 없다는 거예요. 모세가 40년 동안 광야에서 연단을 받으며 잘한 것은 자신의 인생을 포기하지 않고 견딘 거예요. 분명한 건 견디면 승리한다는 것입니다.

어릴 적에 시골에서 개를 열댓 마리를 키웠습니다. 그런데 어느 날 이상한 일이 벌어졌어요. 개들이 먹이를 먹지도 않고 물만 보면 자꾸 뛰어들기 시작한 겁니다. 어제까지 멀쩡하던 개가 다음 날이면 파르르 떨며 죽는 겁니다. 저희 집 개들만 그런 게 아니라 마을의 개 전체가 같은 증상을 보이기 시작했어요. 나중에 수의사가 하는 말이, 이게 돌림병인데 장기가 녹는 병이라고 합니다. 개들이 속에 불이 나고 고통스러운데 말을 못 하니 물에 뛰어든 겁니다. 그런데 저희 집 개 중에 특징도 없고 생김새도 볼품없어서 사랑받지 못하던 개가 한 마리 있었어요. 이 개도 돌림병에 걸렸는데 가만히 있더라고요. 축 늘어진 채로 하루가 지나고 이틀이 지나고 죽었나 보면 아직 살아는 있고, 그렇게 하기를 일주일이 지났는데, 꼬리를 움직이기 시작하더니 이내 물을 핥고 밥을 먹기 시작하더라고요. 그때 받은 교훈이 견디니까 살고, 견디니까 병을 이긴다는 겁니다.

우리에게 종종 환란이 옵니다. 환란은 견뎌야 하는 것입니다. 환란은 인내하라고 주시는 거예요. 인내는 시험을 당하는 자에게 요구되는 자세입니다. 인내의 시간이 지나면 연단을 해야 합니다. 연단이라는 것이 환난을 통과한 자에게 주시는 주님의 인증이라고 볼 수 있습니다. 그래서 연단을 통과한 사람과 연단을 통과하지 않은 사람은 다릅니다. 그리고 이 연단의 과정을 지난 자에게 하나님께서 소망을 주세요. 소망은 연단을 통과한 자에게 주시는 주님의 최종 상급입니다.

살아남은 믿음

연단의 원어 '도키메'에는 '모든 사람에게 인정받아 귀히 여김을 받다'라는 뜻도 있어요. 환란과 인내, 연단을 통과해 소망을 갖게 된 하나님의 사람은 사람과 하나님 앞에 귀중히 여김을 받습니다.

"너희 믿음의 확실함은 불로 연단하여도 없어질 금보다 더 귀하여 예수 그리스도께서 나타나실 때에 칭찬과 영광과 존귀를 얻게 할 것이니라"(벧전 1:7).

믿음이 불을 만나 연단을 받아야 진짜가 되고, 이 믿음의 소유자는 장차 오실 주님 앞에서 칭찬과 영광과 존귀를 받게 될 것이라는 말씀인 거죠. 현대어성경으로 이 말씀을 다시 읽어 보겠습니다.

"시련을 겪은 순수한 믿음은 시련을 견디고 이기고 나온 순전한 믿음은 불로 연단하여도 없어질 금보다 귀하여 예수 그리스도께서 다시 오실 때 칭찬과 영광과 존귀를 받게 되나니"

시련을 겪은 순수한 믿음, 시련을 겪고도 살아남은 믿음이야말로 진짜 믿음입니다.

다니엘의 새 친구가 엄청난 시련을 맞닥뜨렸습니다. "금 신상에 절해라. 그렇지 않으면 불 속에 빠뜨려 죽이리라." 이에 사드락, 메삭, 아벳느고가 담대하게 선언합니다. "하나님이 우리를 이 상황에서 지켜 주신다. 저 불 속에서도 건져 주실 것인데 만약 그리 아니하실지라도 우리는 금 신상에 결코 절하는 일은 없다." 하나님 앞에 인정받는 믿음인 것입니다.

오늘 본문에는 욥을 '동방의 의인'으로 평가했습니다. 그는 의인이요 하나님을 경외하는 자요 악에서 떠난 자였습니다. 아마 들을 수 있는 칭찬은 다 들은 거겠죠? 이런 사람이 얼마나 있을까요? 그런데 이런 사람도 연단을 받습니다. 그렇게 완전한 듯 등장한 욥도 연단을 통과하고 마지막에 이르러서는 이렇게 고백합니다.

"나는 비천하오니 무엇이라 주께 대답하리이까 손으로 내 입을 가릴 뿐이로소이다"(욥 40:4).

환란 중에도 입으로 죄를 범하지 않았던 욥이지만, 하나님의 기준에서 자신을 돌아보았을 때 입과 손을 가릴 뿐입니다. 욥은 고난이라고 하는 연단을 통해 자기의 실체를 낱낱이 본 겁니다. 욥은 악에서 떠난 자였고, 하나님을 경외하는 자였고, 부족함이 없는 인생이었으니까요.

욥은 자기도 모르게 자신의 의를 나타내고 있었던 것입니다. 이것이 참으로 위험합니다. "집사님, 이렇게 기도 많이 하니까, 집사님의 기도로 많은 사람이 힘을 얻고 있어요." "제가 뭘 했다고요. 아닙니다." 주변에서 왕왕 있는 대화지요. 겉으로는 손사래를 치지만 속으로는 삼삼하거든요. 그런 이들에게 속을 완전히 까발리는 하나님의 대수술이 필요한 거예요. 욥도 스스로 그런 존재인지 몰랐습니다. 그는 하나님 믿고 경외하며 살았습니다. 그런데 연단이 없으니 그 믿음이 깊지 않았던 거예요. 욥은 자신의 의로 하나님의 의를 가리고 있었음을 깨닫습니다. 알지도 못하면서 아는 체했다는 것을 깨닫습니다. 무엇을 통해서요? 연단을 통해서입니다.

그럼 연단이 우리에게 주는 유익이 뭘까요?

연단이 주는 유익

첫째, 연단은 의의 평강의 열매를 맺게 합니다.

"무릇 징계가 당시에는 즐거워 보이지 않고 슬퍼 보이나 후에 그로 말미암아 연단 받은 자들은 의와 평강의 열매를 맺느니라"(히 12:11).

연단을 통과한 자는 그 안에 깊은 평강이 있습니다. 팔랑개비처럼 흔들리지도 않고, 경솔하고 망령되게 행동하지 않습니다. 그런 이들에게는 영적 여유가 있어요. 징계가 당시에는 절대 즐거워 보이지 않습니다. 그러나 이 징계를 통과한 자에게는 하나님께서 의와 평강의 복을 허락해 주십니다.

둘째, 연단은 경건에 이르도록 합니다.

"망령되고 허탄한 신화를 버리고 경건에 이르도록 네 자신을 연단하라"(딤전 4:7).

연단을 받아야 비로소 경건의 사람이 될 수 있습니다. 다윗은 일생 동안 온갖 일을 겪으며 경건에 이르는 지혜를 배웁니다. 여호와는 자신의 목자이니 자신이 부족함이 없다는 시편 23편의 고백은 왕궁에서 한가롭게 지은 노래가 아닙니다. 깊은 영성의 사람, 고난과 연단을 통과한 사람의 고백인 거예요. 시골에서 장작불을 뒤적이는 부지깽이도 자꾸 쓰는 걸 쓰게 됩니다. 처음에 부지깽이를 딱 꺾으면 불편해요. 손에 거칠거칠하고 잘 잡히지 않아요. 부지깽이도 자꾸 만지고 손때가 묻어야 자기 것이 되는 거예요. 부지깽이 입장에서는 고난을 받는 거죠. 불에 그을러지고 주인에게 길들임 받고, 그렇게 주인의 사랑과 인정을 받는 거죠.

셋째, 연단은 선악을 분별하게 합니다.

"단단한 음식은 장성한 자의 것이니 그들은 지각을 사용함으로 연단을 받아 선악을 분별하는 자들이니라"(히 5:14).

전쟁을 책으로 배우는 어리석은 자가 있습니다. 목회를

서재에서 배울 수 있을까요? 그럴 수 없지요. 제자훈련은 강의실에서 하는 게 아니에요. 마찬가지로 선악을 분별하는 능력은 배워서 되는 것도 아니고 결심한다고 되는 것도 아닙니다. 다윗은 수많은 고난을 겪었고, 그 시간을 통해 연단을 받았기에 넘어져도 다시 일어설 수 있었던 거예요. 마지막까지 하나님의 사람으로 승리할 수 있었던 거예요.

넷째, 연단은 정결하게 합니다.

"많은 사람이 연단을 받아 스스로 정결하게 하며 희게 할 것이나 악한 사람은 악을 행하리니 악한 자는 아무것도 깨닫지 못하되 오직 지혜 있는 자는 깨달으리라"(단 12:10).

오랫동안 함께 하는 성도들을 지켜 보며 감동받을 때가 있어요. 어떤 상황에서 이렇게 반응할 거라는 예상을 깨고 견뎌 내고 기도합니다. 그만큼 자란 거예요. 시간이 지나서 자란 게 아니라 여기저기 얻어터지고 망신당하고 고난받고, 그러면서 견디고 또 견뎌 깊은 사람이 된 거예요. 우리가 인내하고 말씀으로 양육을 받고 끊임없이 예배하고 기도하며 돌파했더니, 어느 날 우리도 예수님의 제자로 정결한 삶을 누리고 있는 거죠.

소리없는 찐 사랑

저는 저녁에 양치질을 해 본 적이 없습니다. 그런데도 치아가 얼마나 건강한지 치과를 가본 적이 없어요. 초등학생 때 이가 흔들리더라고요. 교실에서 드러누워서 다 뽑아 버렸어요. 이가 흔들거리면 막 흔들어요. 그러면 우지끈하고 빠집니다. 그러면 잇몸에서 피가 나오잖아요. 어떻게 해요? 그냥 계속 빨아먹는 거예요. 진짜 그랬어요. 어쩔 땐 친구들끼리 서로 뽑아 주기도 했습니다. 어떤 이는 잘 빠지지 않아요. 그러면 집에 가서 이를 실로 묶고 반대편을 문고리에 묶은 다음에 문이 열릴 때까지 기다려요. 문이 열리면 뚝 빠져요. 그런데도 어디 탈나거나 이상이 있지 않았어요.

그런 저에게 큰 교훈이 될 만한 사건이 있었어요. 초등학교 때 하루는 친구들하고 쇠로 된 큰 바리케이드 위에서 놀고 있었어요. 한 친구가 올라가면 다른 친구들이 아래에서 바리케이드를 흔들어서 위의 친구를 떨어뜨리고 그렇게 놀았어요. 그런데 이걸 너무 세게 흔들다 보니 제 발목으로 넘어져 버린 거예요. 그렇게 깔려서 다리는 퉁퉁 붓고 걷지도 못하겠는데 아프지가 않은 거예요. 다리가 부러진 거보다 엄마한테 혼날 게 무서웠던 거지요.

걷지를 못해 누워 있는데, 누가 우리 집에 이야기했는지

저기서 어머니가 오십니다. 혼쭐을 내려고 빗자루를 들고 오실 줄 알았는데 맨손으로 오시더라고요. 보자마자 험한 욕이 먼저 나올 줄 알았는데 말을 안 하세요. 그때 처음으로 병원을 가 봤어요. 다행히 뼈는 안 다쳐서 반깁스를 하고 집에 누워 있는데, 어머니가 어디서 들으셨는지 멍 빼는 데 최고라며 선인장을 구해 오셨어요. 그때 깨달았습니다.

'사고를 치려면 크게 쳐야 하는구나. 어설프게 다쳤으면 큰일 날 뻔했구나.'

그렇게 어머니가 선인장을 구해다가 진을 내기 위해 반으로 갈라요. 선인장에 보면 큰 가시도 있지만 그 안에 보면 그 밑으로 셀 수도 없는 잔가시들이 있어요. 그런데 그걸 손질하시는 거예요. 말할 수도 없이 많은 잔가시가 투박한 어머니 손에 박혀요. 그런데도 아픈 내색하지 않으시더라고요. 대단한 일을 하고 온 것도 아니고, 사고 쳐서 발이 퉁퉁 부은 저를 위해 멍을 빼겠다고 말이지요. 그때 어머니가 저를 얼마나 사랑하시는지 알았어요. 이 땅의 모든 엄마는 자식을 위해서 죽을 수도 있다는 걸 말입니다.

하나님의 사랑은 부모님의 사랑보다 크면 컸지 절대 작지 않습니다. 이미 십자가로 증명이 됐잖아요. 환난 중에 있는 분들이 있지요? 까닭 없이 고난을 받는 분이 있지요? 절대로 하나님을 원망하지 맙시다. 하나님께서 버리셨으면 우리는 절대 그분께로 올 수 없었어요. 이해할 수 없는 물음표 인생일지는 모르나, 하나님께서 우리를 부르셨다는 것이 바로 그분의 사랑의 증표라는 걸 깨달으셔야 합니다. 물론 제가 먹고살 만하니까 이런 소리 하는 거일지도 몰라요. 상상도 못할 일이 닥치면 어떨지 모르겠어요. 그래서 계속 되새겨요.

'오직 예수로 살자. 고난이 와도 예수님을 선택하자. 힘들어도 어차피 인생은 가게 돼 있으니까. 잠깐의 고난을 통해서 영원한 하나님 나라에 들어가리라. 나는 지혜롭게 살리라.'

연단은 우리를 성숙하고 강하게 합니다

욥의 고백처럼 우리의 갈 길은 오직 하나님만 아시지요. 그리고 그분이 단련시키신 후에 우리가 정금과 같아질 것입니다. 연단이 없으면 정금도 없는 거예요. 이미 그 연한이 다 되어 노인이 된 야곱은 바로를 만나 창세기 47장에 이렇게 말합니다.

"내 나이가 얼마 못 되니 우리 조상의 연조에 미치지 못

합니다."

참 겸손한 말입니다. 이어 그가 말합니다.

"험악한 세월을 보내었나이다."

다시 말하면, 이제 무서울 것도 미워할 것도 부러울 것도 후회도 없다는 겁니다. 그런 야곱이 이제 바로를 축복합니다. 그 당시 세계의 패권을 쥐고 있던 나라의 왕이자 신의 아들이라 일컬어지던 바로를 말입니다. 바로는 야곱의 영적인 위엄에 무릎을 꿇은 거예요. 지금 바로를 축복하는 야곱은 험악한 세월을 보낸 사람입니다. 그가 험한 세월을 보내서 바로가 얌전히 축복을 받았나요? 아니죠. 하나님께서 그를 떠나지 않고 언제나 함께하셨음을 바로가 알기 때문일 겁니다.

험한 세월을 보냈다고 실패한 인생이 아닌 겁니다. 복을 받아도 하나님이 버린 인생이 있어요. 장수해도 하나님과 아무 상관이 없는 의미 없는 인생이 있어요. 뭔가 특별히 뛰어난 것도 아니에요. 어느 날 보니 예수님이 믿어지고, 하나님의 자녀가 돼 있는 거예요. 그거면 충분하잖아요. 이것저것 따지지 말고 그냥 믿거나, 이 정도면 됐다는 식의 위로가 아니에요. 환경이나 처지와 상관없이 하나님께서 우리를 사랑하고, 그런 하나님을 믿는다는 것만으로 감사하고 감격할 수 있는 절대적인 위로인 겁니다.

교회에 찬양을 못하는 성도가 있어요. 그분 빼고는 온 교회 성도들이 그분이 얼마나 찬양을 못하는지 다 알아요. 못하니까 못한다고 생각하는데 그게 잘못은 아니잖아요? 듣기가 괴로우니까 그분에게 솔직하게 말합니다.

"어머, 제가 찬양을 못 해요? 잘하는 줄 알았는데? 목사님, 그럼 진작 이야기하시지요."

이런 반응이 정상이잖아요. 그런데 그런 사람은 천 명 중에 하나도 없어요. 총 맞은 사람마냥 픽픽 쓰러져요. 집에 가서 이불 둘러쓰고 울고불고해요. 남편이 퇴근해서 한마디 더해 버려요. "맞는 말했네." 이혼하자고 덤벼들어요. 맞는 말을 했는데 왜 이혼을 해요. 자기가 노래 연습을 더 하면 되지.

자꾸만 상처를 묵상하면 더 커져요. 그러지 말고, 주님을 묵상하고 은혜를 묵상하고, 소망을 묵상하고, 강함을 묵상해야 해요. 이는 오직 연단을 통해서만 이렇게 할 수 있는 것입니다.

연단의 도구는 다름 아닌 사람과 환경입니다

사람이 가장 아플 때가 사람으로 맞을 때입니다. 성경은 하나님께서 사람의 채찍과 인생 막대기로 우리를 치신다고 말합니다. 매로 맞으면 멍이 사라질 때쯤이면 다 나아요. 그런데 사람이 치면 평생을 갑니다. 그런데 이 연단을 빨리 통과할 수 있는 비결이 있습니다. 깨닫고 기도하는 겁니다. 왜 이런 환란이 왔는지 깨달아야 합니다. 혹은 어려움이 아니라 복이 오고 형통할 때도 왜 이런 시간이 찾아왔는지 깨달아야 해요. 사도 바울은 빌립보서 4장에서 위대한 말을 남겼습니다.

"나는 비천에 처할 줄도 알고 풍부에 처할 줄도 알아 모든 일 곧 배부름과 배고픔과 풍부와 궁핍에도 처할 줄 아는 일체의 비결을 배웠노라 내게 능력 주시는 자 안에서 내가 모든 것을 할 수 있느니라"

이 글을 쓸 당시에 바울은 감옥에 있었거든요. 감옥에서 무엇이든 할 수 있다고 합니다. 바울은 옥중서신 중 하나인 에베소서에서 성도들에게 이런 기도를 부탁합니다.

"나를 위하여 구할 것은 내게 말씀을 주사 나로 입을 열어 복음의 비밀을 담대히 알리게 하옵소서"(엡 6:19).

감옥에서 나올 수 있게 해달라는 것이 아니라, 그곳에서도 자신이 해야 할 일을 할 수 있도록 기도해 달라고 합니다. 십자가를 마음에 소유한 사람, 비교할 필요도 없고 남의 말에 관심을 가질 필요도 없는 예수님의 사람이 돼야 합니다.

어떻게 하면 지금의 이 광야에서 벗어날 수 있을까요. 연단을 통해 하나님의 마음을 깨닫고 회개하고 기도하는 것밖에 없습니다. 우리의 입을 봉하십시오. 마음을 넓히십시오. 하나님 앞에 엎드리십시오. 원수 갚는 것은 하나님께 있습니다. 할 일은 하나님께 나아가는 것뿐입니다. 하나님께 덤덤하게 물으십시오.

"지금 우리가 어디쯤에 와 있는 겁니까? 이 연단을 지나기 위해 무엇을 해야 하는지 깨닫게 해 주십시오."

연단을 주신 하나님께 감사합시다. 성숙하게 하시는 하나님을 찬양합시다. 새롭게 하여 더 크게 사용하실 주님께 우리를 드립시다. 하나님께 깊은 믿음의 사람이 되기를, 더 강한 용사로 거듭날 수 있게 해 주시기를 구합시다.

세상에 던져진 용기

시편 18:1~6

성경은 기적으로 가득찼는데 어째서 우리에게는 그런 일이 흔하게 일어나지 않을까요? 날마다 기적이 일어나고 역사가 일어나고 치유가 일어나고, 그래야 될 거 아니에요. 도대체 그 하나님은 똑같은 하나님인데 이상하지 않습니까? 우리는 많은 것을 소유하고 있고 누리고 있습니다. 안락한 교회성전, 첨단 음향, 영상 등 모든 걸 갖추었기에 그만큼 그분만을 의지하는 믿음이 약합니다. 인정하고 싶지 않지만 사실입니다. 그분 외에도 붙잡고 있는 것들이 많아요. 우리는 모든 걸 갖췄다 할지라도 우리의 심령은 갈급함과 애통함과 눈물이 끊어지지 않아야 합니다.

어쩌고저쩌고 해도 힘이 있어야 돼요. 개인도 힘이 있어야 돼요. 애들도 힘이 있어야 돼요. 국가도 힘이 있어야 됩니다. 그런데 힘이라는 것이 진짜 힘이 있고 가짜 힘이 있어요. 썩은 동아줄을 잡고 있으면 큰일납니다.

"어떤 사람은 병거, 어떤 사람은 말을 의지하나 우리는 여호와 하나님의 이름을 자랑하리로다"(시 20:7).

다윗이 사용하는 단어가 전쟁터를 누볐던 군인이기 때문에 병거, 말, 반석, 요새, 산성 그런 것이 많아요. 또 시편 18편에서 봤지만 사람은 자기가 경험한 것에서 나오는 거예요. '하나님은 나의 방패시다' 농사짓는 사람이 방패가 무슨 필요가 있겠어요. '여호와는 나의 목자시라' 목동이었으니 당연합니다. 오늘 다윗은 사람들이 말을 의지하고 병거를 의지한다고 말합니다. 오늘날 우리 식으로 표현해 보면 이렇습니다.

'사람들은 돈을 의지한다. 사람은 건강을 의지한다. 사람들은 힘 있는 사람을 의지한다. 그러나 우리는 만군의 여호와 우리 하나님을 자랑하리로다'

여기서 자랑한다는 표현은 영어 성경으로 직역하면 '나는 그분을 신뢰합니다', '나는 그분을 기억합니다', '그분을 잊지 않는다' 입니다.

여러분은 무엇을 믿고 무엇을 의지하십니까? 자식 믿지 마십시오. 부모 믿지 마십시오. 형제 믿지 마십시오. 아무 것도 아닙니다. 애초에 썩은 동아줄을 붙잡고 사는 거예요. 뭘 기대하십니까? 뭘 믿습니까? 아무 필요 없는 거죠. 하지만 우리가 속고 있는 가짜 힘, 세상에 존재하는 힘, 영원하지 않고 후유증이 남는 힘, 우리가 은연중에 추구하는 그 힘이 무엇입니까?

세상에서는 지혜가 힘입니다

세상을 살아가는 데 있어서 지혜는 필수적입니다. 지식은 지혜를 이기지 못해요.

징기스칸은 역사상 가장 탁월한 전략가요, 리더십을 갖춘 인물이었어요. 그는 자기 이름도 못 쓰는 사람이었습니다. 징기스칸은 글씨를 몰랐습니다. 그가 이룬 제국이 무시무시합니다. 몽골 출신인데 중국을 다 집어삼켰어요. 중국, 몽골, 러시아, 이란, 아프가니스탄, 쿠웨이트, 독일, 폴란드까지 정복했어요. 상상이 되십니까? 알렉산더도 그만큼 큰 나라를 건설하지 못했어요. 그래서 징기스칸이 죽고 난 다음에도 유럽의 아이들이 울 때에 "징기스칸 온다." 그러면 울음을 그쳤대요.

징기스칸의 기마병들이 얼마나 무시무시했냐 하면, 적진과 나의 거리를 예측하잖아요. 그 거리를 일주일 정도라 계산하고 전투태세를 갖춥니다. 그러나 징기스칸은 삼 일이면 달려와 공격했어요. 그 기동력을 따라잡을 수가 없었던 겁니다. 말 위에서 밥을 먹고 소변을 보면서 달려가서 싸웁니다. 칼도 긴 칼이 아니에요. 기마병들만이 지닌 날렵한 전술을 최초로 사용합니다. 식량도 소와 말을 잡아 말린 다음 육포를 떠 가지고 가루를 냅니다. 그것을 소 위로 만든 주머니에 담아 옆에 차고 다녔다는 거예요. 그러니까 상대할 수가 없는 거지요.

그는 정복한 나라의 문화와 종교를 다 인정해 줬습니다. 그러니까 반란이 안 일어납니다. 칼로만 다스린 것이 아니라 항복하고 오는 자들은 전부 친구로 맞이했어요.

어디서 그런 탁월한 능력이 나오느냐? 그는 생전에 이런 말을 했어요.

"나는 내 귀가 나를 만들었다."

자신이 무지하다는 것을 인정하고 주변 사람들의 조언을 들었다는 것입니다. 이게 지혜예요. 설령 자기가 많은 걸 알고 있어도 다른 사람의 말을 귀담아듣지 않는 것은 어리석은 자입니다. 그러니까 세상적 지혜, 이것도 세상을 살아가는 데 힘이 되지요.

정주영 회장의 일화도 유명합니다. 그는 대학 근처도 못 간 사람이에요. 경부고속도로를 건설하던 당시 야당에서 반대하고 나라 망해 먹으려고 한다고 했으나 밤낮으로 현장에서 인부들과 함께 지프차에서 쪽잠을 자면서 2년 5개월 만에 428km를 뚫어버렸어요. 그 당시 기술로 세계 역사상 있을 수 없는 일을 했습니다. 지금도 이건 어려운 일이에요. 그런데 그걸 그때 해냈다 이 말이죠.

서산간척지사업 아시지요? 6.5km의 바다를 막아 어마어마한 땅을 토지로 만들었습니다. 처음에 물막이를 해야 하는데 물살의 힘이 거세서 안 된다는 겁니다. 그래서 이분이 뭘 했느냐? 못 쓰는 큰 폐유조선을 견인해서 물길을 막고 있는 사이에 암석과 흙을 부어 가지고 연결시켜 버립니다. 이것이 그 유명한 정주영 공법! 세계 댐 건설에서 한 번도 있어 보지 않았던 일, 경영학에서도 안 가르쳐 주고, 학교 강단에서도 안 가르치는 방법으로 완성한 거예요. 이것은 지식이 아니고 지혜입니다.

맛집으로 소문난 집 중에 몇 집이나 조리사 자격증을 갖고 있을 것 같나요? 별로 없을 거예요. 감각으로, 지혜로 운영합니다. 이것이 세상에서는 힘이 돼요.

세상은 물질이 힘입니다

자본주의 사회에서는요 돈이 가장 큰 위력입니다. 교회도 그렇지만 정권이 재벌을 절대 못 이깁니다. 돈, 엄청난 힘이 있습니다. 사람들이 '돈이면 다냐?' 하지만 세상에는 돈이면 다인 게 많아요. 돈이 있으면 죄인도 죄가 없어집니다. 그래서 '무전유죄 유전무죄'라는 슬픈 말이 나왔어요. 돈에는 어마어마한 힘이 있어요.

세계에서 제일 강한 나라가 미국입니다. 미국의 국방력은 어마어마합니다. 우리나라 주변에 태평양 있죠. 일본 해역, 우리나라 대한해역, 그 다음에 중국해, 그 다음에 태평양 근동지역을 지키는 곳을 미 7함대라고 해요. 그런데 이 7함대가 갖고 있는 화력, 비행기와 군인 숫자는 많지 않지만 그들이 갖고 있는 첨단 무기들이 큰 힘을 지니고 있습니다. F-22 비행기로 모의 전투를 했는데 한 대가 백오십 대를 깨버려요. 못 건드립니다. F-22는 우리나라에 팔지 않습니다. 일부 나라에만 조금씩 팝니다. 돈을 싸들고 가도 절대 안 팝니다.

미국을 천조국이라고 합니다. 그 천자가 하늘 '천'이 아닌 일천 '천'이에요. 일 년에 미국이 쓰는 국방 예산이 천조, 그래서 천조국이라고 그럽니다. 절대로 못 이깁니다. 그

래서 이런 말이 있어요. '전 세계의 군사력을 다 합쳐도 미국과는 못한다.'

돈의 힘이 만만치 않아요. 돈이 있으면 죄인도 의인되고 돈 있으면 사건도 뒤집어집니다. 슬프지만 그렇습니다. 그것이 옳다는 게 아니라 하나님이 공의롭게 다 심판하시겠지만 일단 이 세상에는 그것이 파워(power)다 이 말이에요.

세상은 도덕과 선이 힘입니다

직장에서 올곧고 반듯한 한 사람만 있으면 조직은 꼼짝 못합니다. 불법적인 일 앞에 "내 목에 칼이 들어와도 도장 못 찍어 줍니다."라고 하면 어찌할 수 없습니다. 그 사람이 나타나면 가만히 있어야 돼요. 왜? 의롭거든요. 도덕도 힘이에요. 선도 힘입니다. 주먹질 못합니다. 깨끗한 사람한테 함부로 못 해요. 부모라도 자식이 바른길을 지적하면 자식의 눈치를 봅니다. "아버지 그러면 안 되지요." 자식의 눈치를 보게 되는 거예요. 힘이 있거든요.

나이에서 오는 힘입니까? 육체적 힘입니까? 아닙니다. 도덕도 선도 세상에서는 힘입니다. 한국교회가 힘이 없는 이유가 도덕을 자꾸만 상실해서 그러는 거예요. 옳지 않아요. 욕먹을 짓을 자꾸 하니까 세상 사람들이 교회를 하찮

게 여기고 만만하게 보는 거예요.

옛날에 시골 목사님들은 내 기억에 단벌 양복에 흰 고무신만 신고 다녔습니다. 구두를 아껴야 되니까. 와이셔츠가 헐어져도 새벽이고, 심방이고, 주일이고 맨날 그것만 입고 다녔어요. 목사님이 동네에 떴다 하면 교회 안 다니는 사람들도 정중하게 인사합니다. 돈이 있어서 그런 게 아니에요. 많이 배워서 그런 게 아닙니다. 목사에게 함부로 못하는 도덕에서 오는 힘이라 이 말입니다.

그런데 지금 언급한 세 가지, 지혜, 돈, 그리고 도덕. 이 세 가지는 반드시 한계가 있어요. 그 힘들은 영원하지 않습니다. 성경은 그것이 위험하다고 경고하고 있습니다.

지혜, 돈, 도덕의 한계

성경에서 하나님을 인정하지 않는 지혜는 오히려 자신을 함정에 빠뜨릴 수 있다고 경고합니다.

"여호와를 경외하는 것이 지혜의 근본이요 거룩하신 자를 아는 것이 명철이니라"(잠 9:10).

세상적으로 지혜로운 사람이라도 하나님을 인정하지 못하면 지혜가 아니에요. 우리가 세상의 지혜를 장착하고 아무리 많은 지혜를 가졌다 할지라도 필요가 없는 거예요.

세상의 최고의 학문을 가졌다 할지라도 필요가 없는 거예요. 여호와 하나님을 두려워하는 마음이 없다면 그건 어리석은 지혜입니다. 결국은 망해요. 꼭 기억해야 할 한 가지는 하나님 무서운 줄을 알라는 것입니다.

우리 자식들한테 다른 걸 물려줄 필요 없어요. 재산을 물려준다? 학벌을 물려준다? 그건 어디까지나 두 번째입니다. "나한테 잘하지 않아도 돼. 나 용돈 안 줘도 돼. 하지만 십일조 빼먹으면 죽을 줄 알아." "내 생일 안 챙겨도 좋다. 부모 생일 잊어버려도 돼. 그러나 하나님께 나아가는 절기는 잊으면 안 돼. 내일 부활절인데 빈손으로 가? 네가 정신머리가 있는 놈이냐?" 어렸을 때부터 뼛속까지 가르쳐야 합니다.

"우리 부모님은 가진 것이 없어도, 나한테 물려준 것 하나 없어도, 저에게 남겨 주신 것이 있다면 하나님 무서운 줄 아는 것입니다."

이런 고백을 하는 자식은 절대로 무너질 수 없습니다. 그것이 지혜 중에 근본입니다.

그런데 세상 지혜는 그것이 빠져 있습니다. 사실은 그건 힘이 안 되는 거예요. 똑똑하면 뭐할 거예요? 직장에 가서 처세 잘하면 뭐할 거예요? 부모가 기분이 좋아서 "이놈은요, 생활력도 강하고, 얘는 사막에 던져도 살아날 놈입니다."라고 자랑해요. 그럼 뭐해요? 하나님을 모르는데. 그러면 뭐해? 그 안에 하나님 무서운 줄 모르고 제멋대로 살아가는 데 말입니다.

엘리 제사장이 자식들한테 그거 하나를 못 심어 줬습니다. 제사장도 시켜 주고 다 물려줬잖아요. 그런데 하나를 안 가르쳐 준 거예요. 어릴 때 하나님 무서운 줄 알게 하는 기회를 놓쳐 버렸어요. 그것에 실패하니까 그 집안이 완전히 망해 버렸어요. 이것이 세상의 지혜가 가진 한계입니다.

물질, 돈 이것도 잘못 사용하면 하나님과의 관계를 가로막는 장애물이 돼요. 물질을 크게 쓰고, 많이 드리라는 뜻이 아니라 귀한 데 사용하라는 것입니다.

돈은 양날의 칼이 되는 거죠. 잘 쓰면 천국에 쌓이게 되는 것이고 잘못 쓰게 되면 하나님과 멀어져 버리는 거죠. 그래서 젊은 부자 청년이 주님을 따라가고 싶은데 역설적으로 돈이 많아서 주님의 제자가 못 되었어요. 버릴 것이 너무 많으니까, 그러고 보니 돈도 참된 힘이 아니에요. 하나님을 만나고 그 돈이 쌓여야 진짜 돈이 되는 거예요.

하나님 없이 돈만 쌓으면 하나님을 대적하는 데 쓰이게

됩니다. 바벨탑 쌓는데 돈 들이고 있는 것입니다. 돈을 잘 못 쓰고 있는 것이고 지혜롭지 못한 것입니다. 그렇게 쓸수록 하나님의 진노를 사고 있는 것입니다. 그러니 돈도 잘못 쓰면 진정한 힘은 아니라는 것이죠.

선과 도덕, 자기의 의에 꽉 찬 사람은 복음에 못 들어갑니다. 착한 사람, 선한 사람이 하나님 나라에 가는 게 더 어려운 이유를 이해하십니까? 바리새인들은 자기 선이 꽉 차 있었습니다. 교회 안에도 그런 사람이 많습니다. 나의 기준에 갇혀서 성령의 역사가 없는 거예요. 그러니까 이것도 지혜가 아니며, 힘이 아닙니다.

우리가 믿어야 할 진짜 힘은 무엇입니까?

가짜를 도려낼 때 진짜가 나오는 거예요. 돌을 건져 내면 알곡만 남듯이 가짜를 찾아 버리라는 것입니다. 세상의 지혜도 물질도 도덕과 선도 하나님 안에서 의미 없다면 진짜 힘은 무엇일까요?

"내가 산을 향하여 눈을 들리라 나의 도움이 어디서 올까 나의 도움은 천지를 지으신 여호와에게서로다"(시 121:1-2).

진짜 힘은 사람을 만드신 하나님에게서 온다는 말씀입니다. 이 당연한 것을 자꾸 잊어버리고 삽니다. 진리는 멀리 있지 않아요. 답은 먼 데 있지 않습니다. 하나님은 멀리 계시지 않아요. 힘은 건물이나 성전에서 오는 게 아닙니다. 교회 조직에서 오는 게 아니에요. 그 모든 것을 만드신 하나님에게서 오는 것입니다.

"나의 힘이신 여호와여 내가 주를 사랑하나이다 여호와는 나의 반석이시요 나의 요새시요 나를 건지시는 이시요 나의 하나님이시요 내가 그 안에 피할 나의 바위시요 나의 방패시요 나의 구원의 뿔이시요 나의 산성이시로다"(시 18:1).

시편 18편은 여호와께서 다윗을 그 모든 원수들과 사울의 손에서 건져 주신 날에 하나님께 감사하여 이 찬양을 올려드렸습니다. '내가 무슨 힘이 있어서 사울을 이깁니까? 내가 무슨 힘이 있어서 그 많은 대적들을 이기고 왔는지 꿈만 같습니다. 수없는 화살과 창이 날아다니지만 바위 틈에 숨었더니 내가 살아난 것처럼 주님은 나의 방패가 되십니다. 나의 구원의 뿔이 되시며 나의 산성이 되십니다.' 나에게 힘 주시는 하나님, 나의 힘의 근본 되시는 하나님이라는 다윗의 고백입니다.

"귀인들을 의지하지 말며 도울 힘이 없는 인생도 의지하지 말지니 그의 호흡이 끊어지면 흙으로 돌아가서 그 날에 그의 생각이 소멸하리로다"(시 146:3-4).

빽 있는 사람들이 평소에는 도움이 되는 것처럼 보이지만 결정적일 때는 도움이 안 됩니다. 장례 때 "힘내세요, 고마워요" 다 소용없어요. 결국은 나 홀로 남는 거예요. 뭐하러 사람을 의지합니까? 세상에 그분이 그럴 줄 몰랐다나? 세월을 그렇게 살았는데 그럴 줄 몰랐다나? 당신만 모른 거예요. 그 사람은 원래 그런 사람입니다.

말씀대로 사람 말고 하나님을 의지합시다.

하나님께 속한 힘은 예수 이름에 있습니다

하나님에게서 오기 때문에 절대로 없어지지 않는 진짜배기 힘은 어디서 오느냐? 예수 이름이 그 힘의 원천입니다. 주님께서 제자들에게 귀에 딱지가 앉도록 말씀하셨어요. '내 이름으로 구해라', '내 이름으로 모여라', '내 이름으로 구하라', '두세 사람이 모이는 것이 중요한 게 아니고 내 이름으로 모이면 나도 너희 중에 있느니라', '내 이름으로 세례를 주라', '내 이름으로 귀신을 쫓아내라', '내 이름으로 작은 자를 대접하거라', '내 이름으로 능력을 행하거라'. 주님께서 틈만 나면 당신의 이름을 자꾸 사용하라고 하셨습니다. 어째서 그분을 믿어라 하지 않고 그 이름을 믿으라고 하십니까? 그 이름 자체가 그분이라는 것입니다. 우리가 예수님의 이름을 가졌다는 것은 그분이 우리 안에 있다는 뜻입니다.

다윗은 이 비밀을 예수님 오시기 천 년 전에 깨달았습니다. 그래서 전쟁하러 나갈 때 골리앗과 싸우러 갈 때 "만군의 여호와의 이름으로 너에게 가노라"라고 합니다. 지금도 이런 말은 하기 어렵습니다. 신학자도 말하기 어려워요. 그런데 다윗이 3000년 전에 이 말을 했다는 것은 엄청난 영적 계시가 있었다는 거예요. 3000년 전의 사람이지만 믿음의 깊이와 계시의 깊이는 우리가 따라갈 수 없을 정도로 깊은 사람이 다윗입니다. 그 이름의 힘을 우리에게 주셨는데 그 이름의 가치를 알고 써야 되지 않겠습니까?

사랑하는 여러분, '예수' 이름 안에 능력이 있습니다. '예수' 이름을 곁에 두고 사용하지 않는 것은 어리석은 짓입니다. 옆에 총을 두고 원수와 막대기 들고 싸우는 것과 같습니다. 예수의 이름을 힘있게 사용하는 저와 여러분 되시기를 축복합니다. 쓸수록 강해지는 것이 예수의 이름이에요. 예수의 이름으로 매사 선포하고, 행하고, 전합시다.

성령 충만함이 우리의 힘입니다

구약에 가끔 임하셨던 성령의 역사는 놀라운 것이었습니다. "사울이 이 말을 들을 때에 하나님의 영에게 크게 감동되매 그의 노가 크게 일어나"(삼상 11:6).

새번역 성경에는 이렇게 표현했어요.

"사울에게 하나님의 영이 세차게 내리니 그가 무섭게 분노를 터뜨렸다."

사울이 원래 소심한 사람이에요. 왕으로 뽑혔는데 안 나가려고 했던 사람입니다. 나는 못한다는 겁니다. 사람들이 비웃어 버렸어요. 옆에서 대놓고 아이고 어찌 저런 것이 뽑혔냐 해도 대항을 못할 정도로 유약하고 스스로를 그렇게 여기는 사람이었습니다. 그런데 하나님이 쓰려니까 하나님의 영이 세차게 임하니 사울의 노가 폭발하여 리더십이 확 생겨버렸어요.

'누가 까불어? 모여라. 누가 이스라엘을 건드려?' 하며 전쟁터에 나가 완전히 승리하고 돌아옵니다. 비난했던 사람들의 태도가 달라집니다. 민중들은 그런 것이거든요. 그랬던 사울이 훗날에 성령을 상실해 버렸습니다. 악한 귀신이 들어옵니다.

그러므로 하나님의 자녀 된 우리에게 성령이 우리 안에

내주하시고 우리와 함께하시고, 영원히 떠나지 않는 성령의 충만함을 받을 때 무기력을 이기게 되는 것입니다.

여러분, 은혜 받으면 강해지는 것입니다. 은혜가 약하니 자꾸 부자들이 보이는 거예요. 성령이 충만하지 않으니 자꾸 한숨이 나오는 거예요. 우리 성도들 중에 한숨짓는 사람만 있으면 안 됩니다. 천국을 얻었는데 좀 가난하면 어떻습니까? 열심히 살았는데 가난하면 어떻게 할 거예요? 배운 게 없는데 물려받은 기반이 없는데 어떻게 할 거예요? 그런데 우리에게는 예수님이 계시잖습니까? 성령이 충만하면 눈이 떠지는 겁니다. 성령의 불이 있을 때 세상은 우리를 절대 못 이깁니다. 세상을 이기는 믿음이 우리 안에 있기 때문입니다.

우리를 죽일 수도 우리를 망하게 할 수도 우리를 감옥에 넣을 수도 있습니다. 그러나 우리 안에 있는 믿음은 빼앗아갈 수 없습니다. 세상은 절대 참된 믿음의 사람을 못 이깁니다. 하지만 전제조건이 있습니다.

진짜 믿는 사람! 시시하게 믿는 거 말고 진짜 믿으면 세상이 우리를 못 이기는 거예요. 강하면 이깁니다. 우리 안에 성령의 불이 임하면 어떻게든지 무슨 일이 일어나게 돼 있어요. 그것이 우리의 참된 힘입니다. 힘을 구하세요. 힘은 하나님에게서 오는 것이지 사람에게서 오지 않아요. 환경에서 오지 않아요. 사람은 의지할 대상이 아닙니다.

힘을 가졌을 때 겸손하라

힘을 가졌을 때 잘못 사용해서 망한 사람이 많아요. 사울이 그랬어요. 왕이 된 다음에 힘을 잘못 썼잖아요. 그래서 망합니다. 삼손도 힘을 가졌을 때 잘못 써서 눈알이 뽑히고 말았습니다.

사도 바울은 그렇지 않았어요. 힘이 생길수록 은혜를 받을수록 더더욱 십자가를 붙잡기 위해 몸부림쳤습니다. 우리 성도들이 그리하기를 바랍니다. 그래야 우리의 힘이 계속 가는 거예요. 힘을 가졌을 때 조심하고, 힘을 사용할 때 겸손하고, 은혜를 받을 때, 복을 받을 때에 겸손해야 합니다.

하나님이 기뻐하는 일이 무엇인가, 하나님이 원하시는 것이 무엇인가, 끊임없이 고민하며 그 길로 가는 저와 여러분 되시기를 주님의 이름으로 축원합니다.

비워 둔 자리에 오시는 분

사도행전 1:1~26

　사도행전은 성령행전이라고 말합니다. 오늘날 의외로 교회 안에서 성령님이 환영받지 못하고 있습니다. A. W. 토저(Aiden Wilson Tozer)는 "초대교회는 성령님이 떠나면 95%가 무너진다. 그러나 이 시대는 성령님이 떠나도 끄떡없을 것이다."라고 합니다. 우리의 제도와 관습들로 교회가 똘똘 뭉쳐 있어서 뭔가 되는 것 같고, 뭔가 하는 것 같고, 분주해 보이지만 결국은 하는 것이 아무것도 없다는 말입니다.
　뭔가 열심히 하면 될 것 같아서 수 없이 많은 프로그램이 만들어지고, 수없이 많은 주의 종들이 공부를 하고, 신사적이고 세상적인 부와 권세와 힘을 가진 크리스천들이 교회에 수도 없이 드나들지만, 하나님의 역사는 아무것도 안 일어납니다. 어째서 그러냐 이 말입니다. 뭔가 이유가 있을 거 아닙니까?

여러분 단연코 말하는데 성령 없이는 예수 그리스도를 온전히 믿을 수 없습니다. 성령이 아니고는 아무것도 안 됩니다.

성령은 사람을 변화시킵니다

성령을 안 받으면 첫째로 자기가 고통스럽습니다. 왜? 자기 힘으로 예수님을 믿어야 하기 때문입니다. 내 힘으로 예수 믿는 것이 얼마나 어려운지 아십니까? 내 힘으로 예수님을 믿으면서 주일날 교회에 가면 죽을 것 같습니다. 주일날 설교가 시작되면 자꾸 딴 생각만 하게 됩니다. 항상 핑계를 대며 뒷전으로 물러날 생각만 합니다. 그래서 저는 세상에 휩쓸려 살 수밖에 없는 40대 50대 중년 남성분들이 교회에 와서 예수님을 믿는 것은 대단하고 엄청난 일이라고 생각합니다.

여러분, 내가 속이 상해서 교회에 왔던지, 누구에게 끌려 왔던지, 이 세상에서 실패해서 왔든지, 또 다른 생각이 있어서 교회에 왔든지, 성령이 아니고는 모두 무너집니다.

왜냐면 교회가 항상 좋은 게 아니고, 항상 설교가 귀에 들어오는 게 아니고, 항상 세상이 평안한 게 아니기 때문입니다. 기도 응답이 되는 것도 있지만 기도 응답이 안 되는 일도 무수히 많습니다. 그런 시험이 오면 성령이 아니고는 여지없이 무너집니다. 즉 성령이 아니고는 우리는 한순간도 승리할 수 없습니다.

우리 어머니는 장사를 해서 예수님을 믿을 형편이 못되었어요. 주일날 11시에서 12시는 장사하는 사람한테는 피크이지요. 단골 손님이 떠나간다는 불안 때문에 교회를 못 가는 거지요. 그래서 몇 번을 교회에 오셨다가 장사 때문에 무너지기를 매번 반복하셨습니다. 평일 날 저녁에 제가 조르고 사정하고 협박하면 어쩔 수 없이 끌려서 교회에 나옵니다.

사람이 꽉 찬 가운데 제가 찬양인도를 합니다. 제가 고등학교 1학년 때부터 찬양을 인도했습니다. 찬양인도를 끝내고 집에 가면 어머니가 저를 물끄러미 쳐다봅니다. 그러면서 이렇게 한마디하시죠.

"야 예수 신이 있기는 있는가 봐!"

집에서는 그렇게 철없는 아이인데 달라지는 저의 모습을

보니 어머니도 아시는 것입니다. 저의 자랑이 아닙니다, 내 능력으로 하는 게 아닙니다.

"오직 성령이 너희에게 임하시면 너희가 권능을 받고 예루살렘과 온 유대와 사마리아와 땅 끝까지 이르러 내 증인이 되리라"(행 1:8).

여러분 믿으실지 모르겠습니다만 제가 중학교 때 말더듬이라 책을 못 읽었습니다. 국어책 지문을 읽어 보라고 선생님이 시키지요? 그러면 사지가 벌벌 떨려 가지고 스스로 읽으면서도 어찌할 줄 몰랐습니다. 그런데 제가 설교한다니까요? 지금도 어디 가서도 목사님 모임에서 소개말을 할 차례가 되면 숨이 조입니다. 이상하게 그런 것이 약한 사람입니다. 하지만 설교를 하면 달라집니다. 내가 봐도 이건 사람이 하는 것이 아니에요. 제 의라고 절대 여기지 마십시오.

우리 선배 중에도 그런 분이 있어요. 포항에서 목회하는 분이 있는데 엄청난 말더듬이입니다. 말을 어마어마하게 더듬어요. 전도사 시절 제가 고등부를 맡고 이분이 중등부를 맡았습니다. 포항 고향 땅에서 신학한다고 하니깐 동네 사람이 다 웃었어요.

"야, 목사는 말을 해야 되는 사람인데 대한민국에 다 목사 해도 너는 목사 못 해. 말을 더듬는 놈이 무슨 목사를 해?"

주변 사람들이 안 믿는 겁니다. 그런데 신학을 하러 왔습니다. 말 더듬는 게 고쳐지지 않으니까 이분이 장신대 뒤에 있는 아차산에 가서 밤마다 기도하는 거예요. 가난해서 발음교정을 받을 돈도 없어요. 그런데 이분이 강단에만 서면 안 더듬어요.

중등부 교사들끼리 모여 가지고 회의할 때는 더듬습니다. 그런데 교사들이 다 은혜를 받아요. 왜냐? 설교 내용은 둘째치고 말더듬이가 설교하러 강단에 서는 순간 하나도 말을 더듬지 않습니다. 아이들을 울고 웃깁니다. 이게 하나님이 살아 계심이 아니고 무엇이겠습니까? 지금도 시골에서 목회를 잘하고 계십니다.

제가 말씀드리려고 하는 것은 인간의 약함을 초월하는 절대 능력이 바로 성령의 능력이라는 것입니다. 성령의 역사라고 하는 것은 개개인의 역사입니다.

여러분! 교회를 얼마나 다녔느냐가 중요한 것이 아닙니다. 직분도 아닙니다. 모태신앙도 아닙니다. 성령의 불이 임해야 됩니다. 제가 뭐 지금 특별한 소리합니까? 어디서든지 들을 수 있을 만큼 간단합니다. 오늘 우리에게 성령님이 필요합니다.

성령을 기다려라

 예수님께서 마지막으로 부활 승천하시면서 남기신 말씀은 성령을 기다리라는 것이었습니다. 마치 아버지가 돌아가시면서 아들을 앉혀 놓고 "어머님 말씀 잘 들어라" 이러고 돌아가신 것과 같아요. 어머니 말만 들으면 네가 형통한다. 건강해라, 공부해라, 성공해라 뭐 이런 거 말 안 했어요. "어머니 말을 잘 들어라" 그 속에 다 들어 있는 겁니다. 예수님도 제자들에게 이런저런 소리 안 하셨습니다.
 "성령을 기다려라" 이 말만 하셨습니다. '성령이 오시면 내가 너희에게 말한 모든 것이 기억난다. 성령이 오시면 너희에게 다 가르쳐 줄 것이다. 성령이 오시면 된다.' 바로 그런 뜻입니다. '교회를 일으켜 세워라, 너희들이 앞으로 핍박을 만날 텐데 절대자를 만나면 이렇게 처리해라.' 이런 말 하신 적이 없습니다. 오직 성령을 기다리라는 말로 끝내신 것입니다.
 여러분 우리가 예수를 믿는 것이지 도대체 뭘 믿는 것입니까? 신앙이란 이름으로 잘못 믿는 사람이 너무 많습니다. 성령님은 인격적입니다. 그런데 우리는 성령님을 능력으로만 원합니다. '성령의 불'이라는 표현은 저도 그런 말을 쓰긴 하지만, 어떤 능력이 아니라 역동적인 힘, 주님과 성령을 받은 자의 완전한 변화의 모습을 의미합니다. 불이 곧 성령이 아닙니다. 성령은 인격입니다. 예수님을 인격적으로 인정하는 것이 성령의 임재조건입니다.

요한복음 7장에 보면 예수님의 형제와 친척들이 예수님께 왔습니다. 당시 예수님은 이미 6장에서 오병이어의 기적을 베푸십니다. 인간이 할 수 없는 일들을 봤어요. 그런데 예수님을 '주'로 인정하지는 않았습니다. 가족과 형제들이 뭐라 하냐면 "예루살렘을 올라가셔서 일을 나타내소서"라고 합니다. 한마디로 예수님이 촌구석에서 썩기는 아까우니까 갈릴리에 있지 말고 더 넓은 한양, 예루살렘에 가자는 것이지요. 이건 무엇을 뜻하는 것입니까?

예수님을 하나님으로 인정하는 것이 아닙니다. 선지자로 아는 것입니다. '당신 안에 있는 능력, 그걸로 한번 뜻을 펼쳐 보시죠?' 그렇게 이야기하는 것입니다. 이랬던 형제와 친척들이 오늘 예수님께서 부활 승천하신 후에 모여듭니다. 제자들, 형제들 220명이 모여서 어떻게 했냐? "오로지 기도하기를 힘쓰리라." 이제 예수님을 바로 알기 시작한 것입니다. 예수님의 능력을 행할 때는 몰랐어요. 그러나 이제 예수님이 부활하신 후에 알게 된 것입니다.

'예수님은 우리의 주인이시구나. 예수님은 우리 형님이 아니구나. 예수님은 우리의 친척이 아니다. 예수님은 우리의 주이시다!'

여러분, 예수님을 주인으로 인정할 때 성령님이 임합니다. 이것이 먼저 되지 않고는 아무것도 안 된다 그 말이에요. 우리 주변에서 성령을 받았다는 사람들이 성령의 열매는 없고 상처만을 주고, 교회에 아픔을 주고 사람을 실족시키는 경우들이 얼마나 많이 있습니까? 성령님을 인격적으로 인정하지 않았기 때문에 그러는 거예요.

성경을 믿지 않으면 예수님을 안 믿는 거예요. 성경을 안 믿으면 성령님도 없습니다. 입으로 성령을 말해도 성령 충만하다고 하는 집회, 기도원, 어느 교회를 다녀 봐도 내 마음속에 성경에 대한 의심이 있다면 절대로 성령님은 오시지 않아요. 말씀이 온전히 신뢰될 때 99% 아니요 100%입니다. 우리 신앙의 축은 하나님의 말씀입니다. 능력, 표적, 이적, 인격 다 변해요.

말씀이 그렇다고 하니까 우리는 그렇게 하는 거예요. 말씀이 아니라고 하면 아닌 거예요. 성경에 나타난 모든 사건과 기적과 성경의 모든 약속은 우리가 해야 할 의무를 지켜야 됩니다. 그때 능력이 나타나는 거예요. 그런데 우리는 곶감 빼먹듯이 쏙쏙 빼먹지요? 성경을 쏙쏙 빼먹고 해야 할 일을 하지 않고 그게 되는 소리입니까? 말도 안 되는 소리지요.

여러분, 하나님은 느닷없이 행하신 적이 없어요. 하나님은 반드시 약속을 주시고 행하십니다. 꿈을 주시고 행하신다는 말이에요. 그런 하나님은 인간을 향한 구원의 역사를 창세기 3장 15절에 이미 선포해 놨어요. 이사야 53장은 예수님께서 이 땅에 있어 어떤 고난을 받고 죽으실 것을 예언해 놨습니다. 다니엘서 9장은 예수님의 재림에 대하여 예언한 책입니다. 적그리스도와 일상의 종말이 예언이 되어 있죠. 스가랴서 14장에 보면 감람산에 쪼개지고 그곳에 주의 재림이 있을 것이라고 예언해 놨어요.

예수님은 감람산에서 승천하셨습니다. 천사들이 공중에 나타나서 제자들에게 어찌하여 하늘을 보느냐 너희가 본 그대로 주님이 오시리라 그랬어요. 그래서 사도행전 1장에 보면 예수님께서 감람산에서 부활 승천했다는 것을 알 수 있어요. 이것이 약속이에요. 주님께서 베들레헴의 태어날 것을 예언했잖아요. 반드시 약속대로 행하신다니까요?

우리 주님은 채찍에 맞을 것도 주님이 구원해 주실 것도 다 그대로 성취됐어요. 우리 주님은 십자가에 죽었다가 사흘 만에 살아나리라 한 것도 누차 말씀하셨어요.

성령은 성경의 약속입니다

성경은 성령을 증명해요. 구약에 말씀하신 바가 신약에 이루어져요. 놀랍지 않습니까?

"선지자 요엘을 통하여 말씀하신 것이니"(행 2:16).

성령이 임한 사건은 우연한 일도 아니고 갑자기 일어난 일도 아니고 어쩌다 일어난 일이 아닙니다. 성경에 약속된 일이다, 성경에 성령께서 오신다고 약속하셨다, 그것을 누가 말을 했느냐? 요엘 선지자가 이야기한 것입니다.

"하나님이 말씀하시기를 말세에 내가 내 영을 모든 육체에 부어 주리니 너희의 자녀들은 예언할 것이요 너희의 젊은이들은 환상을 보고 너희의 늙은이들은 꿈을 꾸리라"(행 2:17).

이 말씀은요 요엘서 2장 28절에 똑같이 기록되어 있어요. 순서만 달라요. 베드로는 이 요엘서를 인용하면서 너희가 보는 바와 같이 이 사람들이 성령 받았는데 이건 술에

취한 사람들이 아니고 하나님의 영을 받았다는 것입니다. 그런데 하나님의 영은 이미 너희도 아는 바 너희 선지자가 예언한 그 사건이 오늘에서야 이루어진 것이다. 그렇게 이야기하고 있는 거예요.

여러분, 성령의 역사에 우리가 주저할 이유가 하나도 없습니다. 왜냐면 성경에 성령에 대한 약속이 있습니다. 그 성령을 우리가 받아야 합니다. 성령으로 충만하시기를 축복합니다. 성경의 약속은 패하여지거나 오염되거나 절대로 사라지지 않습니다. 우리 교회는 성경에서 약속하신 그리고 성경에서 계시하신 성경에서 명령하시고 가르치신 모든 것을 행하여야 할 줄로 믿습니다. 성경에 맞으면 맞는 것이고 성경에 없으면 틀린 것입니다. 그걸로 분별하시기를 축복합니다.

성령이 임하시는 절대조건은 성경말씀을 절대적으로 신뢰하는 것입니다. 성경을 의심하면 안 됩니다. 세례 요한이 감옥에 갇혔는데 요한의 제자들이 예수님을 찾아왔어요. 약속하실 이가 당신입니까? 우리 스승한테 들어서 왔는데 당신이 메시야? 우리 스승은 감옥에 갇혀 있고 만날 수가 없는데 어떻게 우리가 당신을 이해해야 됩니까? 주님이 말씀하셨어요. "가서 말해라. 스승 요한에게 본 대로 말해라. 가서 말에 귀신이 쫓겨나고 앉은뱅이가 일어나고 병든 자가 고침을 받는다고 전해라." 말이 필요 없다는 겁니다. 내가 메시야인데 무슨 말을 더해요? 말할 필요 없어요. 하나님께서 행하시면 하는 것이고 성경에 기록되어 있으면 믿는 것입니다. 이게 은혜입니다.

어떤 사람은 잠이 안 올 때 성경을 본대요. 잠이 쏟아지니까. 어떤 이는 성경공부도 안 했는데, 성경을 펼치는 순간, 성령이 역사하셔서 말씀에 붙들려 예수 믿는 사람도 있습니다. 믿어지는 게 얼마나 축복입니까?

성령은 자신을 비워야 오십니다

성령이 임하시는 조건 중의 하나는 성숙해야 됩니다. 요셉과 맛디아가 투표를 해서 제자의 자리에 들어가게 됩니다. 둘 다 부족함이 없는 사람입니다. 그런데 자리는 한 자리! 12명이 채워져야 하니깐 제비를 뽑았습니다. 그런데 분란이 없었습니다. 이것이 능력입니다.

여러분 성령이 임하시면 거룩해집니다. 성령이 임하시면 능력이 임합니다. 그런데 반대로 생각해 봅시다. 성령은 거룩하신 분이기 때문에 오염된 현장에는 안 옵니다. 그런데 성령이 아무 데나 관여하지 않습니다.

여러분 음식점에 가서도 맛없으면 안 가고 비싸면 안 가고 불친절하면 안 가고 더러우면 안 가는데 성령이 아무 곳이나 오겠냐 이 말입니다. 사도들이 성령을 받기 전에 기도하고 있었습니다. 기도하고 의논하고 맛디아를 뽑아 성숙한 공동체가 돼 있었습니다. 거룩하고, 깨끗하고, 온전하니 성령이 오시는 거예요. 사랑하는 여러분, 철저히 회개하십시오. 철저히 자신을 비우십시오. 성숙한 공동체는 하나가 되는 것입니다.

베드로처럼 예수님을 모른다고 부인하고 도망갔던 사람이지만 용납해 주는 거예요. 온전히 하나가 되었어요. 성숙한 공동체는 자기를 부인하여 십자가를 지는 공동체입니다. 넓은 마음이 있는 거예요.

저도 마찬가지입니다. 내 자신을 비우는 것이 얼마나 어려운 일인지 모릅니다. 하지만 초대교회는 자기를 비웠어요. 자신을 비우니 제비를 뽑아도 후유증이 없고 오히려 박수를 쳐주고 하니까 되었잖아요. 성령이 임하셨습니다. 마음을 넓게 가지십시오.

예수님을 믿을수록 시야가 넓어져야 하는데, 우리가 교회에서만 지내다 보니까 시야가 좁아졌어요. 성숙한 공동체는 넓은 것입니다. 우리가 세상에 흡수되어서는 안 돼요. 세상을 포용해야 합니다. 이것이 복음의 능력입니다.

예수님 주변에는 온갖 사람들이 다 있었어요. 그러나 예수님을 만난 사람은 살아났어요. 예수님을 만난 사람은 꿈을 가졌어요. 예수님을 만난 사람은 새로운 삶이 가능해졌습니다. 왜냐하면 예수님은 살리는 분이고 품어 주는 분이시기 때문입니다. 예수님은 죄인도 품어 주셨어요. 예수님은 마음이 넓은 분입니다.

우리 교회도 넓은 교회가 됩시다.

꿈을 주시는 하나님

창세기 12:1~4

성경은 꿈에 대한 이야기로 가득합니다. 하나님께도 꿈이 있었습니다. 인간을 창조하신 데도 목적이 있었습니다. 생육하고 번성하는 것은 우리를 향한 하나님의 축복이자 목적을 위한 수단이지 목적 그 자체는 아닙니다. 우리를 향하신 하나님의 꿈을 이렇게 말씀하셨습니다.

"이 백성은 내가 나를 위하여 지었나니 나를 찬송하게 하려 함이니라"(사 43:21).

하나님께서는 우리에게 꿈과 비전, 약속을 주십니다

갈렙은 나이가 많았을 때에도 하나님 앞에서 "저 산지를 내게 주소서" 하고 꿈을 가졌습니다. 모세는 80의 나이에, 아브라함은 75세에 부름을 받았습니다. 우리도 인생의 2막을 준비하며 하나님 앞에 어떤 꿈을 가져야 할까요? 꿈을 주시는 하나님을 만나서 잃어버렸던 꿈을 다시 찾고 가지지 못한 꿈을 다시 세우고 회복되는 역사가 저와 여러분에게 있기를 축복합니다.

하나님께서는 하나님을 찬송하게 하려는 목적으로 우리를 창조했다고 하셨습니다. 그러니까 우리가 주님의 영광을 위해 살면 그 인생은 꿈을 이루고 가는 생애가 되는 것입니다.

본문에서 하나님께서는 아브라함에게 꿈을 주십니다. 주님의 계획은 아브라함에게 꿈이 되었습니다.

"여호와께서 아브람에게 이르시되 너는 너의 고향과 친척과 아버지의 집을 떠나 내가 네게 보여 줄 땅으로 가라 내가 너로 큰 민족을 이루고 네게 복을 주어 네 이름을 창대하게 하리니 너는 복이 될지라"(창 12:1-2).

이것이 아브라함을 향한 하나님의 꿈이었어요. 하나님의 꿈은 곧 아브라함에게도 꿈이 되어 순종함으로 나아갑니다. 얼마나 멋집니까? 아브라함은 우리처럼 안락한 삶을 살지도, 매일 진수성찬을 먹지도, 많은 여행을 즐기며 산

것도 아니었지만 하나님의 목적을 이루며 살았기에 아브라함의 생애는 풍성하고 은혜가 가득한 삶이었습니다. 그 이유는 바로 하나님의 꿈을 성취하는 인생이었기 때문입니다.

예수님께도 꿈이 있었습니다. 죄인을 구원하시려는 꿈!
"인자가 온 것은 섬김을 받으려 함이 아니라 도리어 섬기려 하고 자기 목숨을 많은 사람의 대속물로 주려 함이니라"(마 20:28).
다시 말해 "내가 너희를 대신해서 죽을 테니 너희는 나의 십자가를 지고 사는 자가 되어 다오" "그러므로 너희는 가서 모든 민족을 제자로 삼아 아버지와 아들과 성령의 이름으로 세례를 베풀고 내가 너희에게 분부한 모든 것을 가르쳐 지키게 하라"(마 28:19-20), 이것이 예수님께서 우리를 불러 주신 꿈입니다.
사도 바울에게도 꿈이 있었습니다.
"내가 달려갈 길과 주 예수께 받은 사명 곧 하나님의 은혜의 복음을 증언하는 일을 마치려 함에는 나의 생명조차 조금도 귀한 것으로 여기지 아니하노라"(행 20:24).
꿈이 있으니까 바울이 타락하지 않은 것입니다. 목표가 분명하지 않으면 엉뚱한 짓을 하게 됩니다.

바울이라고 유혹이 없었겠습니까? 마귀가 얼마나 바울을 넘어뜨리려고 했겠습니까? 아무리 노력해도 안 되니까 물리적인 핍박, 매로 치기까지 했습니다. 그를 죽이기 전에는 먹지도 마시지도 않겠다고 하나님 앞에 서원까지 한 사람들이 바울을 쫓아다녔습니다. 성경에 낱낱이 기록되지 않아서 그렇지 바울에게는 또 얼마나 많은 기적이 일어났겠습니까? 간발의 차이로 생명을 건진 일이 바울에게는 한두 번이 아니었습니다. 하나님께서 붙들고 계시니까 사명을 다할 때까지는 누구도 바울을 못 건드리는 것입니다. 핍박은 있지만 승리하는 삶을 계속 살았던 것입니다. 굶주리고 매를 맞고 풍랑을 만났지만 죽지 않았습니다. 왜냐하면 하나님께서 그를 통하여 하시고자 하는 일이 끝나지 않았기 때문입니다.

"오직 성령이 각 성에서 내게 증언하여 결박과 환난이 나를 기다린다 하시나"(행 20:23).

성령님께서 너는 가는 곳마다 성마다 너를 핍박하고 결박하려는 원수들이 진치고 있다고 가르쳐 주셨지만 그렇다 하더라도 "내가 달려갈 길과 주 예수께 받은 사명 곧 하나님의 은혜의 복음을 증언하는 일을 마치려 함에는 나의 생명조차 조금도 귀한 것으로 여기지 아니하노라"(행

20:24)라고 고백합니다. 그러니 마귀가 유혹도 핍박도 비방도 좌절도 주었지만 넘어지게 할 수가 없었던 것입니다.

모든 사람은 꿈을 꾸지만 그 꿈을 이루는 사람은 소수입니다

하나님의 사람들의 꿈은 특별한 것이었습니다. 말씀이 우리에게 이렇게 기록으로 주어지기 전에는 하나님께서 당신의 계획을 알리시고 이루어 가실 때 가장 많이 사용하신 방법이 꿈이었습니다. 바로에게 꿈을 보이시고 7년의 풍년과 7년의 기근을 겪게 하시고 요셉을 총리로 앉히셔서 요셉을 통하여 하나님의 계획을 성취해 가십니다.

이 계획들은 한 치의 어긋남도 없이 진행되어 갑니다.

"여호와께서 아브람에게 이르시되 너는 반드시 알라 네 자손이 이방에서 객이 되어 그들을 섬기겠고 그들은 사백 년 동안 네 자손을 괴롭히리니"(창 15:13).

이 계획을 아브람 때에 이미 약속의 말씀으로 주셨어요. 하나님께서 무지하거나 무기력해서 당신의 백성들을 이방 왕 아래서 400년 동안이나 압제당하게 하신 것이 아니었던 것입니다.

한 민족이 정확히 400년 동안 종살이를 하다가 나오려면 여러 가지 조건이 맞아야 가능합니다. 먼저 그 나라에 들어가야 합니다. 그리고 그 나라에서 멸망하지 않고 종으로 살아야 합니다. 또 이방민족과 결혼하여 피가 섞이면 안 됩니다. 무엇보다 몇 십 년을 준비하고 힘을 길러 싸워도 어려운데 400년이나 종살이를 하면서 무슨 힘으로 독립해서 나올 수 있겠습니까? 사실 이것은 불가능에 가깝습니다. 하지만 하나님께서는 그 모든 것을 계획 아래 이루어지게 하셨어요. 요셉의 형들이 요셉을 미워한 것도 계획 아래 있었고, 요셉이 애굽으로 팔려 간 것도 다 계획이었습니다.

우리는 점으로 살지만 하나님께서는 선으로 사시고, 우리는 오늘을 살지만 하나님께는 하루가 천년 같고 천년이 하루 같습니다. 우리가 죽고사는 것, 어떤 일을 당하는 모든 것이 우연이 아니라 하나님의 계획 아래 있는 것입니다. 놀라운 것은 믿는 우리만 하나님의 계획 아래 있는 것이 아니라 이 땅의 열방과 민족들이 모두 주님의 손 안에 있다는 것입니다.

사탄이, 이방의 군왕들이 무언가를 계획할지라도 하나님께서 허락지 않으시면 절대로 일어나지 않습니다. 그러니 우리는 전능한 왕이신 하나님만 믿으면 되는 것입니다. 우리가 그분을 알게 되고, 믿게 되고, 그분에게서 보상을 받았으니 이보다 더 큰 복이 어디 있겠습니까?

요셉이 총리가 되었기 때문에 그의 아버지 야곱이 70인의 일행을 거느리고 애굽 땅으로 들어올 수 있었습니다. 그때 만약 요셉의 권력에 힘입어 애굽의 중심부에서 살았다면 아브라함의 후손들은 애굽의 문화에 동화되어 없어져 버렸을 거예요. 그런데 요셉이 고센 땅에 살도록 조치를 했습니다. 그것도 '여기서 살지만 절대로 이 민족과 섞이지 않으리라'는 마음을 하나님께서 주셨기 때문이었습니다.

그리고 400년 동안 바로와 군왕들이 이스라엘 백성들이 번성해 가는 것을 막고 그렇게 죽이려고 애썼지만 막을 수가 없었지요. 아브라함에게 '너는 하늘의 별과 바다의 모래처럼 후손이 많아질 것이다'라고 약속하신 것처럼 점점 더 흥왕해 갔습니다. 그리고 400년이 찼을 때 하나님께서 모세를 준비하셨어요. 그도 죽을 자였는데 하나님께서 살리셨고 모세를 통하여 이스라엘 백성들이 출애굽하는 기적이 일어납니다.

이런 모든 일을 행하시는 분이 전능하신 하나님 아버지이십니다. "일을 행하시는 여호와, 그것을 만들며 성취하시는 여호와, 그의 이름을 여호와라 하는 이가 이와 같이 이르시도다"(렘 33:2)라고 하나님의 성품을 소개합니다. 하나님은 일을 만드시는 분이시며, 그것을 이루시는 분이시니 무엇이 불가능하겠습니까? 그 하나님께서 우리에게 "너는 내게 부르짖으라. 내가 응답해 줄게, 걱정하지 마. 내가 다 들어줄게." 하고 보장하십니다. 그리고 "너는 내게 부르짖으라. 네가 알지 못하는 크고 놀라운 은밀한 일을 네게 보이리라." 그렇게 말씀하십니다.

야곱이 루스 땅에서 꿈을 꾸었습니다. 야반도주해서 덮을 이불도 없이 돌베개 하나 베고 비참하게 자고 있는 야곱에게 하나님께서 나타나셔서 꿈을 보여 주셨습니다. 하늘로 사닥다리가 닿아 있고 천사들이 오르락내리락할 때 '이곳이 벧엘이구나, 이곳이 하나님의 집이구나' 깨닫고 그때부터 그곳의 이름은 '벧엘'이 됩니다. 꿈을 가졌습니다. 그리고 하나님 앞에 서원을 합니다.

"제가 돌아올 때 하나님 앞에 서원의 예물을 드리고 이곳에 재단을 쌓고 십일조를 드리겠습니다."

그리고 그대로 성취되었습니다.

꿈에도 종류가 있습니다. 잠 잘 때 꾸는 꿈이나 무언가 이루고 싶은 꿈이 있지만 오늘 주제로 말하는 꿈은 비전, 즉 소망을 말합니다. 그러므로 하나님도 꿈이 있습니다.

하나님의 꿈은 모든 사람이 구원받고 진리를 아는 것입니다

"하나님은 모든 사람이 구원을 받으며 진리를 아는 데에 이르기를 원하시느니라"(딤전 2:4).

이처럼 하나님께서는 모든 사람이 구원을 받고 모든 진리를 알기를 원하십니다. 그래서 그 꿈을 위해서 예수님이 이 땅에 오신 것입니다. 그 꿈을 위해서 교회를 세우시고 그 꿈을 위해서 저와 여러분을 부르신 것입니다. 그러므로 우리가 먼저 구원 받아야 합니다. 우리가 먼저 진리에 눈을 떠야 합니다.

오늘 이 자리에서 예배드리는 여러분에게 구원의 선물이 없다면 얼마나 슬픈 일입니까? 여러분의 심장에 예수가 없다면 얼마나 저주받은 인생입니까? 우리 모두 구원받아야 합니다. 우리 모두 진리에 눈을 떠야 합니다. 구원 받고 진리에 눈을 떠서 하나님 앞에 성숙한 믿음의 사람, 옳고 그름을 분별하고, 참된 것과 거짓인 것을 분별하고, 어떤 것이 중요한지를 아는 눈, 그 눈이 열려져야 합니다.

주님께서는 우리가 성숙하기를 원하십니다. 구원받아 생명을 얻기를 원하시고, 생명을 받아 거듭났으면 무럭무럭 자라나서 진리로 무장하여 세상을 이기고, 세상에 나가서 사탄의 유혹에 흔들리지 않기를 원하십니다. 진리의 눈으로 어떤 것을 선택할 때 천국을 선택하고, 영원한 것을 선택하고, 주님이 기뻐하시는 것을 선택하며 살기를 원하십니다. 이것이 우리를 향하신 주님의 비전입니다. 우리가 구원을 받고 이 땅에 나가서 진리로 무장하여 악한 귀신을 쫓아내고 세상의 죄악을 이겨 내고 당당한 그리스도인으로 승리하길 원하는 것이 우리를 향한 하나님의 꿈입니다.

사랑하는 여러분, 그러므로 우리는 모두 구원을 받아야 합니다. 예수님께서 생명을 주사 우리에게 살 길을 열어 주셨으니 우리가 구원받아 하나님의 생명을 받는 것이야말로 주님이 가장 기뻐하시는 뜻이 아니겠습니까? 우리 하나님은 그 꿈을 이루시기 위하여, 우리가 구원받고 진리를 알게 하시기 위하여 가장 소중한 존재 예수 그리스도를 십자가에 매달아 죽게 하시는 희생을 하신 것입니다. 꿈은 대가를 요구합니다. 인간이 꿈을 이루기 위하여 치른 어떤 대가도 하나님께서 우리를 위하여 치르신 대가를 넘어설 수 없습니다.

항상 기뻐하고 쉬지 말고 기도하고 범사에 감사하는 것입니다

주님의 꿈, 주님의 뜻, 주님의 계획, 우리를 부르신 주님의 목적은 항상 기뻐하고 쉬지 말고 기도하고 범사에 감사하는 것입니다. 모든 부모는 자식이 기뻐하기를 원합니다. 감사하기를 원합니다. 그리고 부모와 친밀하여 대화하기를 원합니다.

제가 많은 심방을 다녔지만 그 가운데 특별히 기억에 남는 어느 권사님과 안수집사님 부부 가정이 있습니다. 그냥 평범한 가정이었는데 그 딸들이 하는 말을 우연히 듣게 되었어요. '나는 우리 집이 너무 좋아. 친구들 집에도 가보고 여기저기 다녀봤지만 우리 집처럼 포근하고 따뜻한 집은 없는 것 같아.' 그 이후로 특별함 없는 평범한 그 권사님이 달라 보이기 시작했습니다. 도대체 이들 부부는 어떤 모습을 보여 주었기에 자녀들이 그렇게 말할 수 있을까요? 이 말로 부모님이 존경을 받는 것 아니겠습니까?

마찬가지로 자녀 된 우리가 기뻐할 때 하나님께서 영광 받으시는 것입니다. 밖에서 친구들과 지낼 때는 기쁘고 즐겁다가 친구들과 헤어져 집으로 돌아갈 때 얼굴이 굳어져 버린다면, 집만 생각하면 짜증이 난다면 되겠습니까?

하나님께서 우리를 향하신 꿈을 품고 "너희는 기뻐하는 자가 되어라. 너희는 범사에 감사하는 자가 되어라. 너희는 쉬지 말고 기도하는 내 자녀가 되어 다오."라고 말씀하십니다.

"또 여호와를 기뻐하라 그가 네 마음의 소원을 네게 이루어 주시리로다"(시 37:4).

여기서 '여호와를 기뻐하다'란 말을 새번역 성경에서는 "기쁨을 오직 주님에게서 찾아라"라고 번역했습니다. 다시 말해 '기쁜 일을 주님 안에서만 찾아라'라는 뜻입니다. 예수 믿는 사람이 세상에서 기쁨을 찾아서야 되겠습니까? 영적으로도 우리가 세상에 있을 때 기뻐하는 것은 하나님의 뜻이 아닙니다. 세상에 있을 때는 기쁘고 힘이 나고 어쩔 줄 모르다가 주님 앞에만 오면, 교회만 오면 맥을 못추고, 예배만 드리자고 하면 한숨부터 쉬면 되겠습니까? 교회에서 일하는 것에는 도무지 관심이 없으면 되겠습니까?

여러분, 주님 안에서 기쁨을 찾아야 합니다. 갈 데 없으면 세상에서 방황하지 말고 교회에 와서 기도하고 교회에 와서 그냥 가만히 쉬십시오. 그래서 우리의 취미는 예배이고 우리의 관심은 전도이고, 가장 잘하는 것은 기도이고, 가장 재미있어 하는 것은 찬송이며, 가장 보람 있는 것은 다른 영혼들을 회복시키고 살리는 것이어야 합니다. 이런 변화의 전환점이 있어야 합니다. 무엇을 아는 것이 아니라 이렇게 살아가는 것이 믿음입니다.

"만군의 여호와여 주의 장막이 어찌 그리 사랑스러운지요 내 영혼이 여호와의 궁정을 사모하여 쇠약함이여 내 마음과 육체가 살아 계시는 하나님께 부르짖나이다 주의 궁정에서의 한 날이 다른 곳에서의 천 날보다 나은즉 악인의 장막에 사는 것보다 내 하나님의 성전 문지기로 있는 것이 좋사오니"(시 84:1-2, 10).

말씀처럼 여러분도 그렇습니까?

'세상에 있는 천 날보다 하나님의 전에서의 한 날이 더 귀하고 악인의 화려한 집에 사는 것보다 여호와의 전에 문지기로 있는 것이 훨씬 낫구나. 내가 주의 전을 얼마나 사모하는지 상사병이 걸려서 내 혼이 어찌할 바를 모르겠구나. 내가 주님께 더 가까이 나가야 하는데, 더 많이 예배드려야 하는데, 더 많이 주의 일을 해야 하는데. 할 수만 있으면 주의 전에서 영원히 살고 싶은데 현실이 그렇지 않구나' 하고 시편 기자가 탄식을 했습니다.

상사병이 걸릴 정도로 우리가 주의 전을 그렇게 사랑해야 합니다. 나이가 들수록 주님 오실 날이 가까이 올수록 진리에 눈이 떠질수록 이것이 더 가치 있고 중요하다는 것을 아셔야 합니다.

그런데 이상한 일이 벌어져요. 처음에는 뜨겁다가 교회를 오래 다닐수록 시들시들해지고 멀어져 버립니다. 마귀에게 속고 있는 것입니다. 세월이 흐를수록 더 주의 전을 가까이 하고 더 많이 예배드려야 합니다.

우리가 주님 안에서 기뻐하고 감사하고 하나님 안에서 오랜 시간을 가지는 것, 그것이 우리를 향한 하나님의 계획이고 뜻입니다. 세상에서 헤매봐야 별 것 없어요. 무엇이 남던가요? 대통령 권력도 5년이고, 국회의원도 4년이면 끝이 납니다. 아무리 좋은 직장도 60세가 넘어가면 은퇴하게 되는 것입니다. 그러나 예배는 주님 오시는 날까지 드릴 수 있습니다. 하나님의 전을 사모하고 내 생명 다하는 날까지 잃어버린 영혼을 위해서 주의 종들을 위해서, 선교사를 위해서, 몸된 교회의 부흥을 위해서 기도할 수 있습니다. 얼마나 가치 있고 신나는 일입니까?

나를 위한 성장 그리고 값진 꿈

여러분, 저는 정말 감사합니다. 제가 예수님을 몰랐으면 어떻게 살았을까요? 이런 재미를 어디에서 느낄 수가 있겠습니까? 일본의 우찌무라 간조는 주일에 예배드리고 집으로 돌아가면서 울었답니다. 다음 주일이 빨리 와야 하는데 왜 주일이 일주일에 한 번밖에 없느냐는 것이었습니다.

우리 청년들이 교회에 와서 예배드리고 교회 안에서 지내는 것이 엄청난 자산이라는 것을 깨달아야 합니다. 세상에서 헤매서 무엇하겠습니까? 진리만 알면 세상을 통하는 길이 열립니다. 여러분, 말씀을 알면 세상의 이치를 알 수 있는 지혜가 열립니다. 〈삼국지〉 열 번 읽은 사람하고 대화하지 말라는 말이 있습니다. 그런데 성경말씀을 삼국지와 비교할 수 있습니까? 성경말씀을 열 번 읽으면 생명을 얻게 됩니다. 예수생명이 내 안에 들어옵니다. 주님 안에서 성령 받으면 처세도 열립니다. 기도하고 은혜 받으면 됩니다.

사실은 모두 우리를 위한 것입니다. 자식이 엄마를 기쁘게 해 드리려고 공부를 합니다. 그런데 알고 보면 그 공부는 자신에게 유익을 줍니다. 우리가 왜 주 안에서 기뻐해야 하겠습니까? 왜 감사하고 기도해야 합니까? 결국 이 모든 것은 주님을 위한 것이 아닙니다. 바로 우리 자신을 위한 것입니다. 하나님께서 아브라함을 본토, 친척, 아비집에서 불러내어 말씀을 좇아서 가라 하셨을 때 그것은 결국 누구를 위한 것입니까? 아브라함을 위한 것이었습니다.
하나님의 계획은 우리를 위한 것입니다. 그러므로 원망하고 불평하지 말고 그 길을 갑시다. 주님 안에서 이런 꿈을 발견하시기 바랍니다.

화요일마다 셀 리더 교육을 합니다. 그런데 셀 리더 중에 한 분이 왕복 3시간 넘는 거리를 차도 없이 와서 1시간 30분 공부하고 갑니다. 어떤 분은 직장인인데 출근시간에 맞춰 중간에 나갑니다. 제가 사실 리더들과 친밀감을 가지려고 30분 정도는 사담도 하니 시간 내에 마칠 수도 없습니다. 그분이 중간에 나가는 뒷모습을 보며 저라면 저렇게 할 수 있을까 생각이 들 정도입니다.

도대체 이 '거룩한 낭비'를 하는 이유가 무엇이겠습니까? 가치를 아니까 그럴 수 있는 것입니다. 지금 예수 믿는 사람들이 그 가치를 모릅니다. 예배의 가치, 복음의 가치, 주님의 일의 가치를 모릅니다. 셀 리더 아무나 하는 것이 아닙니다. 하나님께서 임명하고 세우셨으니 내게 몇 명을 주시든지 이 일을 위해서 전부를 걸겠다는 결심으로 임할 때 얼마나 가치가 있습니까?

교회학교 교사들은 요즘 더 바쁩니다. 전에는 공과공부도 정해진 시간에 한 번만 하면 되었습니다. 하지만 코로나로 대면예배가 어려우니 미리 영상제작도 해야 하고 한 번 할 것을 아이들 상황에 맞춰 세 번 네 번 진행합니다. 한

명 한 명을 두고 열심을 다하는 교사들을 보면서 소망을 발견했습니다. 도대체 이들은 무엇을 발견했기에 수고와 헌신을 하고 있는 것입니까? 하나님의 뜻을 발견했기 때문입니다. 똑같은 일도 주님의 일은 다른 것입니다. 똑같이 전등 하나를 끄는 것도 하나님 전에서 끄는 것이 다르고, 똑같이 빗자루를 들어도 주의 전에서 드는 것은 다릅니다.

제가 아는 어떤 사람이 자식이 청와대에 취직을 하니까 소를 잡아 잔치를 했습니다. 하나님의 일을 하는 것이 청와대에서 일하는 것과 비교할 수 있겠습니까? 그런 마음가짐으로 하나님의 일을 감당하는 겁니다.

큰 우주를 만드신 하나님이 느껴지십니까? 그분의 몸이 교회입니다. 처음 사랑을 찾으십시오. 느슨해지지 말고 긴장하십시오. 그 긴장감으로 주님 오실 때까지 바울처럼 달려 갈 수 있다면 복 중에 큰 복을 받은 것입니다. 영적으로 깨어 주님을 더 사랑하고, 주의 이름을 더 귀하게 여기고, 갈수록 하나님의 일이 더 소중해진다는 고백을 우리가 한다면 얼마나 귀한 복입니까? 우리가 그런 사람이 됩시다. 그런 하나님께서 우리의 중심을 보고 계실 것입니다.

시간을 헛되이 보내지 맙시다.
예배를 드리러 왔으면
주님을 만나야 됩니다.
찬양했으면 역사가 일어나야 됩니다.
기도했으면 응답이 일어나야 됩니다.
죽은 예배자가 되지 마십시오.
살아서 펄떡거리는 예배자가 됩시다.

하나님의 뜻을 알 수 있을까

마태복음 26:36~46

"어떻게 하나님의 뜻을 알 수 있을까요?" 제가 상담 중에 제일 많이 받는 질문입니다. "목사님, 하나님의 뜻이 어디에 있는지 모르겠어요."

고난이 있다고 합니다. 교회 안에 어려움이 있다는 겁니다. 자기가 뭔가를 결정해야 되는데 하나님의 뜻이 어떤 것인지를 모르겠다는 거예요. 우리도 다 그런 고민을 한두 번씩은 했고 지금도 하고 있습니다.

제가 소원이 하나 있다면 저를 포함하여 우리 모든 성도들이 하나님께 인정받는 것입니다. 이 땅에 우리가 무슨 미련이 있습니까? 우리가 이 땅에서 잘돼도 불안한 거예요.

하나님께 인정받지 못하면 무슨 필요가 있습니까? 하나님께 인정받아야 하잖아요. 여러분도 이 소원이 있습니까? 이것조차 없다면 진짜 예수의 사람이 아닙니다.

하나님께 인정을 받기 위해서는 하나님의 뜻대로 살아야 합니다. 그러기 위해서는 하나님의 뜻을 알아야 되는 거지요. 그 뜻을 알아야 그 길을 갈 수 있을 거 아닙니까?

예수님은 이 땅에 육신을 입고 오셔서 생애 동안 분명한 삶을 사셨어요. 좌로나 우로나 휘청거리지 않으셨습니다. 부자를 만나도 흔들리지 않고 고난이 와도 흔들리지 않고 제자들이 배신을 해도 섭섭해하지 않으셨습니다.

하나님께서는 당연하다 여기고 보니까 우리가 감흥이 없는데 주님은 선명한 삶을 사셨어요. 예수님은 하나님께서 이 땅에 보내신 목적과 뜻을 분명히 알고 계셨습니다.

"인자가 온 것은 섬김을 받으려 함이 아니라 도리어 섬기려 하고 자기 목숨을 많은 사람의 대속물로 주려 함이니라"(막 10:45).

예수님께서 당신이 이 땅에 오신 목적을 선명하게 선포하고 있습니다. '내가 온 이유가 있다. 나는 섬김을 받으러 온 존재가 아니다' 이것입니다. 그래서 누가 섬길 때 흔들리지 않으셨습니다. 자신의 목숨을 죄인들을 위하여 주러 왔기 때문에 그 목표를 이룰 때까지는 어떤 것도 요동하지 않으셨던 겁니다.

"나를 보내신 이가 나와 함께 하시도다 나는 항상 그가 기뻐하시는 일을 행하므로 나를 혼자 두지 아니하셨느니라"(요 8:29).

예수님도 하나님이 기뻐하시는 일을 행하셨습니다. 여러분의 인생의 목표는 무엇입니까? 우리가 정작 관심을 두어야 하는 것은 하나님이 보시는 나는 어떠한 모습일까? 여기에 관심을 둬야 한다는 것입니다. 저는 요즘 이것에 관심이 많아졌어요.

코로나 사태가 오면서 세월이 너무 빨리 지나갑니다. 세월이 빠를 뿐 아니라 세상이 급속도로 달라집니다. 예측을 못하겠어요. 예측을 못하니까 무서운 생각이 듭니다. 이러다가 심판이 오면 이대로 내 인생이 끝난다면, 주님 앞에 갔을 때 예수님은 나를 보고 뭐라고 하실까? 어느 때는 너무너무 두려운 생각이 드는 거예요. 이렇게 잘 먹고 잘 살아도 되는 건가? 이렇게 누리기만 해도 되는 것인가? 이렇게 손가락으로 지시만 해도 되는건가? 무서운 생각이 드는 거예요.

하나님이 원하시는 것이 아니라면 나는 어떡할 것인가?

우리가 하나님의 뜻을 알 수만 있다면 그 길을 가기가 쉽잖아요. 그러면 필연적으로 우리가 던져야 할 질문은 어떻게 하나님의 뜻을 아느냐 이겁니다.

하나님 말씀으로 하나님의 뜻을 알 수 있습니다

아브라함에게 하나님이 말씀하셨습니다. "네 아들 이삭을 바쳐라" 말씀하지 않았다면 알 수 없는 일입니다. 다윗이 성전을 짓고 싶었습니다. 그래서 하나님께 구합니다. "제가 성전을 지으면 안되겠습니까?" 그런데 하나님의 뜻이 분명히 전달됩니다. "짓지 마라." 안 되는 이유도 하나님께서 말씀하십니다. "네 손에 피가 묻었다. 너는 전쟁터를 누리면서 너무 많은 사람을 죽였어. 그러니까 네 마음은 갸륵하지만 너는 성전을 지을 수 없다."

하나님의 뜻을 분명히 알았기 때문에 다윗은 순종할 수 있었습니다. 다윗은 성전 건축을 위한 모든 조건이 갖추어져 있었어요. 재물도 있었고 사람도 있었고 명분도 있었습니다. 이런 조건이면 나라도 짓고 싶었을 겁니다. 그런데 하나님의 뜻이 선명하게 전달되었어요. 그러니까 하나님 앞에 죄를 짓지 않아요. 만약에 하나님의 뜻을 거스리고 성전을 지었다면 그건 성전일 수 없는 겁니다. 오히려 심판을 받게 되는 거죠.

하나님께서 예레미야에게 말씀하십니다.

"너의 민족 남유다가 바벨론에 의해서 망한다 저항하지 마라 바벨론에게 항복해라"

이것은 있을 수 없는 말씀이에요. 자존심도 있고 세상에 그렇게 말하는 선지자가 어디 있습니까? 그래서 반역자로 몰리며 거짓 선지자들에게 모함을 엄청나게 받은 거예요. 그런데 하나님의 뜻은 선명했어요. 바벨론에게 저항하지 말라는 겁니다.

사실 분명한 하나님의 뜻을 알 수만 있다면 순종할 수 있습니다. 모르고서야 어떻게 우리가 하나님의 뜻을 순종할 수 있겠습니까? 하나님께서 이 땅에 당신의 계획과 뜻을 보여 주시는 방법이 있어요. 그것은 '말씀하심으로' 당신의 뜻을 우리에게 보여 주십니다.

사람도 말을 함으로 자기의 의사를 전달합니다. 결혼해서 30년 이상 살아온 부부가 있었는데 아내가 어느날 폭발했어요. 남편한테 무엇 때문에 폭발했냐? 양말 좀 뒤집어서 벗지 말라는 거예요. 세탁기에 넣을 때에 다시 뒤집어야 되니까 제발 양말 좀 제대로 펴서 넣으라는 겁니다. 그런데 남편은 이 소리를 30년 만에 처음 들은 거예요. 남편이 말합니다. '진작 이야기하지' 아내가 이렇게 말했어요. '말을 해야 아냐고' 남편은 아내가 30년 동안 이렇게 스트레스를 받고 있는지를 말을 안하니까 몰랐다는 거예요. 진작 알려줬으면 의식하며 행동했을 거 아니냐고 말합니다. 여러분 말을 하세요. 말을 하면 알 수 있습니다.

하나님께서 우리에게 당신의 뜻을, 당신의 은사를, 당신의 계획을 우리 인생들에게 가르쳐 주는 가장 정확하고 확실한 방법은 '말씀'하시는 거예요. 그분이 말씀하심으로 우리는 그분의 뜻을 알 수 있습니다. 그리고 그 뜻을 안다면 그 길을 갈 수 있다는 것입니다. 그러므로 하나님의 말씀은 얼마나 우리에게 복된 것입니까?

하나님은 끊임없이 말씀하시는 분입니다

하나님은 우리에게 들으라고 뭔가를 말씀하시고, 말씀으로 능력을 행하시고, 말씀으로 창조하시며 말씀으로 귀신을 물리치셨고, 말씀으로 병을 낫게 하시고, 말씀으로 사망의 권세에서 생명을 얻으셨으며, 말씀으로 나사로를 살리기도 하셨습니다.

이 말씀과 당신의 계획을 말씀하신다는 의미는 다르지만 제가 말하고자 하는 의미는 하나님은 '말씀'하시는 분이라는 것입니다. 하나님은 우리에게 말씀해 주십니다. 주께 물으면 말씀해 주십니다. 믿으시기를 바랍니다.

아브라함에게는 직접 말씀하셨어요. "본토 친척 아비 집을 떠나라" 하나님이 떠나라고 하시니까 떠났습니다. 하나님께서 아브라함에게 이삭을 바치라 했어요. 그분의 말씀을 들음으로 그분의 뜻을 알게 됐습니다.

아담에게도 말씀하셨습니다. "선악과를 절대 먹지 마라" 말하지 않았으면 몰랐겠지요. 말씀하셨기에 알게 됐습니다. 하나님은 이렇게 직접 말씀하신 적이 있었습니다.

그러다가 선지자를 통하여 대신 말씀하기 시작했어요. 여러분 최초의 선지자가 누군지 아십니까? 성경에 보니까 최초의 선지자가 놀랍게도 아브라함입니다.

"이제 그 사람의 아내를 돌려보내라 그는 선지자라 그가 너를 위하여 기도하리니 네가 살려니와 네가 돌려보내지 아니하면 너와 네게 속한 자가 다 반드시 죽을 줄 알지니라"(창 20:7).

아브라함이 아비멜렉에게 거짓말을 합니다. 사라가 누이라고 하니까 아비멜렉이 사라를 취하려고 했어요. 그날 밤에 하나님께서 꿈에 나타나셔서 아비멜렉에게 경고합니다.

"아브라함은 선지자야. 그의 아내를 놓아 줘라. 그렇지 않으면 너와 네 모든 혈통은 다 죽으리라"

하나님이 직접 말씀하시며 증명하신 게 뭐냐면 아브라함은 '선지자'라, 아브라함을 통하여 하나님이 말씀을 하셨다는 것입니다. 그 다음에 나오는 선지자가 모세예요.

"네 하나님 여호와께서 너희 가운데 네 형제 중에서 너를 위하여 나와 같은 선지자 하나를 일으키시리니 너희는 그의 말을 들을지니라"(신 18:15).

모세가 이스라엘 백성들에게 직접 설교를 하면서 나와 같은 선지자를 일으켜 주신다고 말씀하셨습니다. 선지자는 바뀌고 죽고 새롭게 나오지만은 여전히 하나님께서는 선지자, 예언자를 통하여 끊임없이 말씀하신다는 겁니다. 하나님께서는 때마다 시마다 필요할 때마다 누군가를 세워서 말씀을 하셨어요.

엘리야를 통하여, 이사야를 통하여, 예레미야를 통하여 그밖에 각 선지자를 통하여 말씀하신 것들이 구약성경에 쭉 나와 있잖아요. 그러면 성경에 거론되지 않은 선지자는 또 얼마나 많이 있겠습니까? 그러다가 말라기 선지자를 끝으로 선지자가 뚝 끊어져 버립니다. 더이상 누구를 세워서 말씀하지 않습니다.

그리고 400년 암흑기를 지나서 어느 날 나타난 존재가 있었는데 세례 요한입니다. "회개하라 천국이 가까이 왔느니라" 그가 예수 그리스도를 소개하기 시작합니다. 이게 선지자거든요. 세례 요한은 선지자 시대와 제자 시대를 연결시키는 인물입니다. 그래서 세례 요한은 선지자이자 제자, 즉 구약이자 신약이라는 것입니다.

예수님께서 직접 말씀하십니다

선지자를 통하여 말씀하시며 말씀으로 존재하시던 그 하나님께서 육신을 입고 이 땅에 오셔서 직접 말씀하시기 시작합니다. 예수님의 말씀은 선지자들이나 과거의 선생들, 사두개인들이 하는 말과는 비교가 안되는 거예요. 그래서 예수님께서 산상수훈에서 말씀하실 때 사람들의 입이 떡 벌어지면서 권세 있는 새로운 교훈이라며 말씀을 들으러 모였습니다.

이런 명쾌한 말씀, 이런 능력이 있는 말씀, 이런 오류가 없는 말씀, 인간의 지식과 상식을 뛰어넘는 우리가 도저히 듣지도 보지도 못한 엄청난 말씀인 것입니다.

하나님이신 그분은 배움에서 오는 지식을 전달한 것이 아니고, 역사의 과거와 현재와 미래를 뚫고 준비하실 필요도 없이 즉각 하늘의 음성과 계시를 말씀하셨습니다.

'예수님이 설교 준비하셨을까?' 이런 생각해 보셨나요? 예수님이 뭔가 질문을 받을 때 '음 가만히 있자' 이러셨을까요? 전혀 그렇지 않았을 거라 생각해요. 질문에 척척, 질문하지 않는 속사정까지도 꿰뚫고 말씀하셨을 것입니다.

니고데모를 만났을 때도 니고데모가 "선한 선생님, 하나님이 당신과 함께 하시지 않았으면 이런 표적을 행할 수 없을 것입니다." 그렇게 인사하고 시작한 니고데모에게 예수님은 그 말에 가타부타 대답하지 아니하시고 즉시 중심을 꿰뚫어서 말씀하십니다.

"사람이 거듭나지 아니하면 하나님의 나라를 볼 수 없느니라"(요 3:3). 니고데모가 무엇 때문에 그 밤중에 예수님께 와서 정중하게 체면을 차리면서 왔는지 예수님은 이미 알고 계셨습니다. 왜? 하나님이시니까. 그래서 그분의 말씀은 오류가 없는 100% 진리요, 사실입니다.

주님께서 직접 말씀하시다가 부활 승천하신 후에 지상에 남겨놓은 것이 있는데 교회입니다. 지금은 교회를 통하여 성경의 계시를 통하여 말씀하는 시대가 되었습니다.

기록된 말씀으로 말하는 시대입니다

오늘날은 성령께서 말씀하시는 시대입니다. 그런데 성령

께서 인간들이 각자의 기준대로 말씀을 왜곡할까 봐 안전한 장치를 우리에게 남겨 주셨는데 그것이 무엇이냐? 성령의 감동으로 기록된 말씀, '성경'을 우리 인류에게 남겨 주셨습니다. 성령께서 하나님의 말씀을 오늘도 우리에게 전하고 계십니다.

그러므로 성경의 권위보다 더 큰 것은 없습니다. 결국 우리가 하나님의 말씀을 듣는다 할 때 무엇을 통하여 듣는 것이냐? 성령의 계시가 기록된 하나님의 말씀인 '성경'을 통하여 우리는 하나님의 뜻을 인도받을 수 있다는 것입니다.

사람의 말은 오류가 있어요. 기도를 많이 하는 사람도 오류가 있어요. 아무리 깨끗하고 거룩한 존재도 오류가 있습니다. 그런데 말씀은 오류가 없습니다. 말씀은 법이기 때문입니다. 정해진 그 법은 변하지 않아요. 환경과 상황에 따라 변할 수 없습니다. 변하는 것은 '규범'이라고 합니다.

"무릇 이 규례를 행하는 자에게와 하나님의 이스라엘에게 평강과 긍휼이 있을지어다"(갈 6:16).

규례라는 말은 규범이라는 뜻인데 헬라어로 '카론'입니다. '카론'은 히브리어 '카네'에서 왔으며 이는 '갈대'라는 뜻을 갖고 있습니다. 그 당시에는 길이를 재는 도구가 통일되지 않았기 때문에 갈대의 길이로 측량을 합니다. 그러므로 카론이란 잣대, 측량하는 도구였습니다.

측량하는 도구는 정확합니다. 즉 하나님의 규례, 이 말씀은 '정확하다'는 뜻입니다. 우리의 삶을 말씀에 비추어 보면 다 드러나는 거예요. 우리가 무엇을 할까 고민을 할 때 말씀으로 돌아가면 명확한 답이 나오는 겁니다. 그러므로 성령은 기록된 하나님의 말씀과 절대로 부딪치지 않는다는 것을 기억하셔야 합니다.

누군가 '성령을 받았다느니' 누군가 기도를 깊이 해서 '하나님의 음성을 들었다느니' 하는 표현을 쓸 수 있고 존중하고 인정합니다. 그러나 그것은 반드시 기록된 말씀의 범위 안에서 이루어져야 합니다. 이 말씀을 벗어난 것은 너무나 위험합니다. 하나님은 어지러운 하나님이 아니에요. 성경의 저자는 성령이시기 때문입니다.

어떤 저자가 책을 썼습니다. 저자가 강의를 하는데 그가 쓴 책에서 벗어난 이야기를 하면 이분은 가짜예요. 저자는 자기가 쓴 책의 이론을 이야기하는 것이 당연합니다. 성령님은 우리에게 감동으로 주신 기록된 말씀의 범주를 넘어가지 않으십니다. 이것을 꼭 기억하셔야 됩니다.

어떻게 하나님의 뜻을 알 수 있습니까

말씀을 통하여 알 수 있습니다. 그러면 그 말씀이 과연 우리에게 지금 현재 어떤 의미가 있고 그 말씀을 어떻게 우리가 알 수 있습니까? 기록된 성경말씀을 통한 성령의 역사하심으로 알 수 있습니다. 그래서 강단의 말씀을 통하여 그리고 성경을 묵상하다가 '말씀' 그 속에 품은 하나님의 뜻을 명확하게 알 수 있게 됩니다. 이 복을 우리가 받고 있는 것입니다.

하나님께서 성령으로 말미암아 우리에게 기록된 말씀을 주셨다는 의미는 아주 중요한 두 가지 의미가 있습니다.

첫째, 이제 우리는 더 이상 수동적 음성듣기를 하지 않아도 됩니다. 전에는 선지자가 말을 할 때에만 백성들은 들을 수 있었어요. 예를 들어 어느 날 내가 도대체 하나님의 뜻이 어디에 있는지를 모르겠단 말이에요. 그래서 선지자에게 가서 묻습니다. 선지자가 모른다고, 하나님이 더 이상 말씀해 주지 않는다고 한다면 어떤 일이 일어 나겠습니까? 기다리는 길밖에 없습니다.

그런데 하나님께서 이 기록된 말씀을 우리에게 주셨다는 것은 얼마나 큰 의미가 있냐면 더 이상 하나님과 우리 사이가 수동적 관계가 아닌 능동적 관계로 전환되었다는 것을 의미합니다. 그 이유는 이제 우리가 하나님의 뜻을 알기 위하여 다른 사람을 찾아갈 필요가 없다는 거예요. 우린 더 이상 하나님의 뜻을 알기 위해 기다릴 필요가 없게 됐다는 겁니다.

이제 말씀으로 들어가는 것입니다. 말씀에 하나님의 뜻이 존재하고 있다는 거예요. 놀랍게도 이 말씀을 읽을 때 성령께서 임하심으로 보다 정확하게 무엇을 보아야 하는지, 무엇을 느껴야 하는지, 무엇을 고쳐야 하는지, 어떻게 행동해야 되는지 고민하고 있는 이 상황에서 어떤 결정을 내려야 하는지 성경말씀을 도구 삼아 우리에게 말씀하십니다.

모세는 옛날에 하나님의 음성을 듣기 위해서 시내산에서 40일을 머물러야 했어요. 하나님이 말씀하실 때까지 40일을 계속 머물면서 하나님의 법을 알아야 했습니다. 그런데 우리는 더 이상 그런 수고로움을 하지 않아도 됩니다. 왜냐하면 우리 손에 들려진 이 보배와 같은 성경말씀을 통하여 언제든지 나아가서 그분의 뜻을 발견하고 알 수 있기 때문입니다.

둘째, 더 이상의 계시, 선지자, 구원자 또는 성경을 보충하는 어떤 인간의 주장이나 이론이 존재할 수 없습니다.

그것을 인정하는 순간 이 성경은 불완전한 말씀이 되기 때문입니다. 보충해야 할 하나님의 말씀이 더 이상 절대로 존재할 수 없습니다. 그러므로 어떠한 사람이 능력을 행하고 나타나서 성경에 반하는 이야기를 한다면 그 사람은 가짜임이 틀림없습니다.

이단들의 가장 본질적인 문제는 하나님의 말씀을 왜곡시키고 폄하하고 있다는 것입니다. 더 이상의 계시나 보충할 말씀은 없습니다. 지금은 선지자의 시대가 아니에요. 이미 구원자는 오셨고 그 구원자는 다시 오실 예수 그리스도밖에 없습니다. 진리는 성경밖에 없습니다. 말씀을 읽고 말씀을 통하여 하나님의 뜻을 알고, 말씀 안에 답이 있다는 사실을 꼭 기억할 수 있기를 축복합니다.

칼 바르트는 하나님께서 오늘날 우리에게 당신의 뜻을 어떻게 계시하시는지를 '말씀의 삼중적 형태'라는 유명한 말을 했습니다. 하나님의 말씀이 우리에게 세 가지 양태로 계시된다고 합니다. 기록된 말씀 '성경', 선포된 말씀 '설교', 보여진 말씀 '예수 그리스도'입니다.

"말씀이 육신이 되어 우리 가운데 거하시매 우리가 그의 영광을 보니 아버지의 독생자의 영광이요 은혜와 진리가 충만하더라"(요 1:14).

이 모든 것은 기록된 말씀의 테두리 안에 있어야 한다는 것입니다. 우리가 예수님을 어떻게 알게 됐어요? 성경을 통해 알게 되었습니다. 우리가 죄인인 것도 성경을 통하여 알게 되었어요.

여러분 천국과 지옥이 있다는 것을 어떻게 알게 되었습니까? 성경말씀을 통해서 알게 되었습니다. 우리 주님이 다시 오신다는 것도 예수님이 마지막날에 온다는 것도 예수님이 오시는 그날과 그 시는 알지 못한다는 것도 성경을 통해서 알게 되었습니다. 그러니 말씀이 없었다면 우리는 엄청난 결과를 초래하게 될 겁니다. 말씀이 우리에게 하나님의 뜻과 계획을 명확하게 말씀해 주시는 것입니다.

여러분, 말씀을 지나치거나 무시하지 마시고 말씀을 통하여 하나님의 뜻을 알고, 앞으로 무슨 일을 해야 할까 고민한다면 성경을 읽으십시오. 내가 개척을 해야 될까 말아야 될까 고민한다면 성경을 읽으십시오. 내가 저 사람과 결혼을 해야 될까 말아야 될까 고민한다면 성경을 읽으십시오. 성경을 읽으면 기도하게 되고 성경말씀과 기도로 하나님은 안전하게 실패없이 우리의 길을 인도해 주실 것입니다.

"목사님, 저 사람과 관계가 너무 힘들어요. 어떻게 해야 될까요?"

이미 말씀에 답이 있어요. 나를 힘들게 하는 저 사람을 어떻게 할지 모르세요? 원수를 위해 기도하고 원수를 사랑하고 너를 핍박하는 자를 위해 기도하라는 말씀이 성경에 있는데 왜 모른다고 하십니까?

"목사님 제가 십일조를 드리고 나면 제가 살 길이 막막한데 어떻게 해야 될까요?"

성경에 분명하게 말씀하셨는데 명확한 걸 왜 물어보십니까? 성경으로 돌아가야 합니다. 그것만이 우리가 살 길입니다. 안그러면 약해집니다. 말씀이 우리 안에 거할 때 우리가 선명해집니다. 말씀이 우리 안에 거할 때 힘이 생깁니다. 말씀이 우리 안에 거할 때 우리는 인생의 오류를 범하지 않을 수 있습니다.

본문말씀에 예수님께서도 필사적으로 기도하셨어요. 제자들이 깊이 잠든 것을 보시고 "한 시간도 깨어 있을 수 없더냐" 하며 슬퍼하십니다. 예수님은 동산에서 세 번이나 왔다갔다 하며 기도하십니다. 매일 말씀하시던 하나님이 결정적인 순간에 말씀하질 않으십니다. '이 십자가를 내가

져야 됩니까?' 하나님의 뜻을 묻는 거예요.

"그러나 나의 원대로 마시고 아버지의 뜻대로 되길 원합니다."

그런데 공식적인 입장은 하나님께서 응답하지 않으셨다는 것입니다. 하나님은 당신의 뜻이 분명하셨기 때문에 응답하실 이유가 없으셨다는 것입니다. 하나님의 뜻은 분명했어요. "십자가를 지라" 그렇기 때문에 하나님은 당신의 뜻을 다시 접지 않으신 거예요.

여러분, 분명한 뜻을 알기 위해서 하나님께 다시 묻는 수고를 하지 마시고, 성경을 읽고 주님의 뜻이 분명하거든 순종으로 나아가십시오. 그리하면 어느날 내가 하나님의 뜻을 행하는 사람이 되어 있을 것입니다. 그 복을 저와 여러분이 꼭 누릴 수 있기를 바랍니다.

"하나님 아버지, 우리에게는 소원이 있습니다. 하나님의 뜻을 아는 것입니다. 이미 하나님의 뜻을 성경말씀을 통하여 우리에게 다 가르쳐 주셨는데 우리가 교만하여 그 말씀을 읽지 않았습니다. 우리가 교만하여 그 말씀을 듣고도 수용하지 않았습니다. 우리가 바쁘다는 핑계로 말씀을 먹지 않았습니다. 그러면서 불안해하고 답답해 울고 갈등합니다. 하나님이여 우리에게 당신의 위대한 계획과 뜻을 성령을 통하여 말씀으로 우리를 인도하고 계심을 믿습니다. 우리에게 말씀하신 성령의 음성을 듣고 순종함으로 나아가게 하여 주시옵소서. 예수님의 이름으로 기도드립니다. 아멘."

성경을 읽고 주님의 뜻이 분명하거든
순종으로 나아가십시오.
그리하면 됩니다.
그리하면 어느날 내가
하나님의 뜻을 행하는 사람이 되어 있을 것입니다.

아픔에 슬픔을 허하라

출애굽기 15:22~26

인간은 영혼육으로 되어 있습니다.

"평강의 하나님이 친히 너희를 온전히 거룩하게 하시고 또 너희의 온 영과 혼과 몸이 우리 주 예수 그리스도께서 강림하실 때에 흠 없게 보전되기를 원하노라"(살전 5:23).

이 말씀을 뒤집어 보면 어떤 뜻입니까? 우리 영과 마음에 흠이 생길 수 있습니다. 우리 육체에 흠이 생길 수가 있습니다. 이것을 '상처'라고 합니다. 우리 인간은 살아 있기 때문에 영의 상처가 있고, 마음의 상처가 있고 육에 상처가 있습니다. 우린 이 세상에서 끊임없이 상처를 받고 상처를 주고 살아가는 그러한 존재일 수밖에 없습니다.

모든 일상에 건강한 사람은 하나도 없습니다. 그렇지 않습니까? '나는 정말 건강하다' 그것은 착각입니다. 병원에 안 가봐서 그렇습니다. 병원에 가면 반드시 병이 한 가지씩은 있습니다. 단지 정도의 차이가 있을 뿐입니다.

우리 인간은 영과 혼과 몸으로 되어 있다고 했습니다. 그러므로 이 세 가지가 모두 건강해야 진짜 건강하다 말할 수 있습니다. 영도 혼도 그리고 육체도 상처를 받습니다. 그래서 병을 얻습니다. 상처를 입으면 병이 생길 거 아닙니까? 영의 병이 무엇입니까? 영의 병은 '죄'라는 것이에요. 영이 병들면 죄가 됩니다. 마음, 즉 혼이 병들면 어떻게 됩니까? 마음이 어그러져서 여유가 없게 됩니다.

몸의 상처는 병으로 오는 것이고, 영의 상처는 죄로 오는 것이고, 마음의 상처는 마음이 비틀어지고 여유가 없어지며, 작은 일에도 견디지를 못하고 힘들어지는 것으로 옵니다. '탁' 건드리면 '팍' 폭발해 버리는 것. 그런 거 있지 않습니까?

왜 나는 이렇게 옹졸하고 참아주지 못하고 무슨 말을 들으면 그 즉시 따져야 하고 조금의 여유가 없고 무슨 말을 듣고 나면 밤새 잠을 못 자는 것인가? 이렇게 살고 싶지 않은데 왜 우리는 이렇게 살아야만 하는가? 건강하지 않아서입니다. 조금 넓은 안목으로 보면 인간은 다 그렇습니다. 우리는 몸의 건강뿐만 아니라 마음과 영의 건강까지 전인적 치유를 받아야 합니다.

우리 주님은 치료하시는 하나님입니다. 우리 주님 만나야 치료가 됩니다. 주님 만나면 여유가 생깁니다. 주님 만나면 요셉처럼 형제들을 용서할 수 있게 됩니다. 자기를 죽이려다가 팔아버린 그 형제들을 어떻게 용서할 수 있겠습니까? 이것은 초인적인 힘입니다. 힘이 없으면 복수하지 못하지만 그는 모든 힘을 가졌습니다.

지금은 법치국가니까 불가능하지만 당시 최강국이었던 애굽의 모든 권력을 쥐고 있던 이인자가 요셉 아닙니까? 그런 권력의 힘을 가진 요셉이 자기 형제들을 용서합니다.

요셉이 총리가 된 것보다 더 큰 기적은 그가 가진 힘으로 복수하지 않고 모든 상황을 하나님의 뜻으로 해석했다는 것입니다. 이런 힘과 능력은 과연 어디서 나오는 것일까요? 사실은 치유 받았기 때문이에요. 회복됐기 때문에 용서가 가능한 것입니다.

주님께 자기가 용서를 받고 주님께 지난날의 종살이, 서른 살 되던 때까지 고통의 감옥살이, 이런 것들을 전부 주님으로부터 은혜로 치유받고 회복되었기 때문에 그런 용서가 가능하다는 거예요. 우리도 가능합니다. 다시 말하지만 우리 중에 완전한 사람은 하나도 없어요.

저도 병들었고 여러분도 병들었습니다. 그걸 인정할 때 치유가 일어나기 시작하는 거예요. 의인은 없나니 하나도 없습니다. 여러분 아픈 건 부끄러운 게 아니에요. 아픈 게 자랑도 아니지만 부끄러운 것도 아닙니다. 오히려 병은 자랑하라고 그랬어요. 자랑해야 낫는 길이 열립니다. 자랑해야 병을 잘 치료하는 의사를 만나고, 치료의 길이 열리는 것 아닙니까?

'나는 부족해. 나는 이것이 참 이해가 안 가. 나는 이럴 때 견디지를 못해. 나의 삶을 돌아보니 잘못 산 인생인가 봐.' 그렇게 내가 고백할 때 주변 사람들이 나를 도와주고 나를 위해서 기도하고 치유되는 회복의 역사가 일어날 것 아닙니까? 여러분 인정하기 시작할 때 치유가 일어납니다.

그런데 우리의 힘으로 도무지 안 되는 것이 있어요. 약으로 안 되면 성령이 수술하셔야 합니다. 성령이 수술하기 시작하면 대가지불이 따릅니다. 비용도 늘어나고 시간도 늘어나고 아픔도 커집니다. 성령이 하시면 고치지 못할 인생은 없습니다. 여러분 우리가 약 먹고 나아야지, 우리가 말씀으로 깨달아 건강하게 살아야 하지 않겠습니까?

'내가 이런 이웃을 만나고, 이런 상황을 만난 것은 이를 통하여 하나님이 나를 만들어 가시는구나.' 그렇게 깨달아야지. 견디지 못하여 뛰쳐나가고 비방하고, 섭섭마귀가 들어와서 죽는 날까지 병을 고치지 못한 채 연약하게 살아간다면 정말 슬픈 인생을 살아가고 마는 것입니다.

사랑하는 여러분! 우리 모두가 주의 말씀으로 치료되고 성령 안에서 회복되어 우리의 영과 혼과 육이 그리스도 안에서 온전해지기를 주님의 이름으로 축원합니다.

치료하시는 하나님입니다

제가 군에 있을 때 생발톱을 두 번이나 뽑았습니다. 마취하고 뽑으니 그 순간에는 안 아파요. 그 다음날부터 통증이 어마어마합니다. 그래서 생발톱을 뽑는 고문이 있구나 이해했습니다. 화장실도 가고 근무한다고 왔다갔다 하다가 어딘가에 부딪히거나 실수로 누가 건드리면 죽을 듯이 아픕니다. 머리가 쭈뼛쭈뼛 섭니다. 제가 그때 깨달았어요. '아 내가 아프니까 이렇구나. 모름지기 내가 치유를 받아야 목회를 할 수 있겠구나. 내 안에 상처가 있어서는 절대 목회를 못 하겠구나. 내 안에 상처가 있어서는 내 입에서 흉기가 나가겠구나.' 이런 생각을 제가 처절히 했어요.

우리 모든 인생은 치료하시는 하나님이 필요합니다. 주님은 우리의 영혼과 육을 치료하러 오셨습니다.

"그가 찔림은 우리의 허물 때문이요 그가 상함은 우리의 죄악 때문이라 그가 징계를 받으므로 우리는 평화를 누리고 그가 채찍에 맞으므로 우리는 나음을 받았도다"(사 53:5).

창에 찔림으로 우리 허물이 없어진 것입니다. '그가 찔림은 우리의 허물 때문이라.' 이것을 거꾸로 말하면 그가 창에 찔렸기 때문에 그것을 믿는 자는 허물이 없어지는 겁니다. 그분이 창에 찔리지 않았으면 우리의 잘못과 허물은 그대로 있을 터인데 예수께서 창에 찔리셨기 때문에 우리들의 허물이 그리스도 예수 안에서 사라지게 된 것입니다. '상했다'는 말은 상처를 받았다는 것이며, '징계'라는 것은 벌을 받았다는 것이므로 그 대가를 이미 치르신 것입니다.

예수님은 치료하러 오셨습니다. 우리 영혼의 문제를 박멸하셨으며, 우리 마음의 병을 치료하기 위해 주님께서 회복하시고 여유 있게 하시며 용서할 수 있게 하셨습니다. 상처받은 과거를 모두 다 씻으셨고, 이미 우리가 마음의 참된 치유를 받은 거예요.

교회를 오 년 십 년 다녔는데도 불구하고 여전히 마음의 응어리가 져 있고, 여전히 주변에 가시 노릇을 하고 여전히 무엇을 잘못했는지 모르고 여전히 자기만 상처를 입었다고 주장하는 어린아이 같은 신앙으로 살아가고 있다면 이는 마음의 상처를 치료받지 못한 증거가 아니겠어요. '나는 이거밖에 안 됩니다.' 그렇게 말하고 있는 것과 같습니다.

성경에 보면 예수님을 만난 사람은 다 치유됐습니다. 영이 치유됐고 혼이 치유됐고 몸이 치유되었습니다. 나병환자 열 명이 치료됐잖아요. 그중에 아홉은 육체가 치료 받았어요. 영혼이 치료된 자가 한 명 있었습니다. 주께 돌아와서 감사를 표했던 그 한 사람만이 영과 혼과 육이 모두 치료된 전인적 치유의 사례가 되는 겁니다.

예수님을 만난 삭개오도 치료되었습니다. "아브라함의 자손이로다 이 집이 구원받았다"라고 예수님이 선포하시는 순간 삭개오는 완전히 치유된 거예요. 주님 만난 이후로 삭개오는 어쩌면 물질도 없고 힘들게 살았을지는 모르지만 두 다리 뻗고 잘 수 있는 완전히 자유로운 자가 되는 거예요. 이것이 우리가 나아가는 방향이라는 것입니다.

일곱 귀신 들린 막달라 마리아도 예수님께 치료를 받았습니다. 삶의 질고가 있던 사마리아 수가성 여인도 예수님을 만나 치료되지 않았습니까? 영혼의 문제가 치료되니까 물동이를 집어던져 버리고 동네로 들어갑니다. 사람들을 피해 다녔던 사마리아 수가성의 동네로 들어가서 내가 메시야를 만났다고 큰소리칩니다. 이것이 복음을 만난 사람의 증거입니다.

오늘 우리에게도 이것이 있어야 한다는 거예요. 이 땅의 교회에 날마다 이런 일이 일어나야 된다는 말입니다. 예수님을 믿은 지 3년, 5년이 지났는데도 여전히 어린아이처럼 자라지를 못하고 자기 말만 쏟아 붓고 남을 배려하지 못하고 이기적이라면 병이 들어서 그러는 거예요. 영혼이 병들어서 능력과 은혜를 나누지 못하는 것이니, 치유자의 눈으로 볼 필요가 있습니다.

오늘도 예수께서는 살아 계셔서 우리를 치료하십니다. 오늘도 역사하시는 하나님, 이천 년 전 십자가에 달리신 그 주님은 누구만을 위한 죽으심이 아니고, 다가오는 모든 이를 위한 죽음이고 지나간 모든 이들의 믿음을 위한 죽음이었음을 알고 계셔야 합니다.

예수님이 징계당하시고 상하시고 창에 찔리시고 채찍질 당하신 것은 우리를 자유롭게 하고 우리를 회복시키고 우리를 징계하지 않으시며, 육신의 병마를 이길 수 있는 효력이, 지금도 동일하게 존재한다는 사실을 믿으셔야 합니다.

그런데 성경에는 모두가 치료된 건 아니에요. 치료된 사람도 있고 치료받지 못한 사람도 있어요. 주님을 만났을 때 아무 일도 일어나지 않은 사람도 있습니다. 여기에는 어떤 원리가 있을 것 아닙니까? 그것이 무엇인지 이야기해 보고자 합니다.

믿음의 사람들이 치료 받았습니다

믿음이라고 해서 다 똑같은 믿음이 아닙니다. 어떤 믿음을 가졌기에 그들이 치유를 받았느냐 그걸 따져 봐야 합니다. 그들은 순종하는 믿음을 가졌어요.

순종은 말처럼 쉽지 않습니다. 참 어려운 거예요. 믿음의 최고의 테스트가 순종이에요. 밤새껏 일할 수는 있지만 순종하기는 어렵습니다. 어떤 일을 멀리까지 가서 해낼 수 있지만 가까운 일을 순종하는 것은 많은 다짐이 필요한 거예요. 순종에는 그만큼 능력이 따릅니다.

예수님을 만나서 치료 받은 사람들의 공통점을 보니 믿음이 있었습니다. 어떤 믿음인고 하니 순종하는 믿음입니다. 나면서부터 소경이 주님을 만났습니다. 주님이 명령합니다. "실로암 강가에 가서 씻으라." 그랬더니 믿고 그대로 행했습니다. 이것이 순종입니다.

병든 자식을 둔 신하가 있었습니다. 신하가 주님께 나아가 "내 아들을 고쳐 주소서." 하니 예수님께서 "네 아들이 나았다. 가라."라고 말씀하셨습니다. 신하는 말씀대로 믿고 갔어요. 믿고 순종하여 가다가 자녀가 나았다는 소식을 종으로부터 듣습니다. 이것이 순종이고 믿음입니다.

여러분, 이 믿음이 결코 쉽지 않아요. 남이 받으니까 우리가 은혜 받고, 당연한 듯 싶지만 '나도 주님 만나면 그렇게 되겠지?'라고 장담할 수 있을지 모르나 우리의 일상 속에 불순종이 얼마나 많은지 모릅니다.

우리가 기도하고 의심하잖아요. 말씀 읽고 의심하잖아요. 예배 드리고 의심하잖아요. 심지어는 설교해 놓고도 의심합니다. 이게 있을 수 있는 일인가요? 금식해 놓고도 의심합니다. 기도원에 가서 결사적으로 목숨 걸고 기도해 놓고 금식하고는 내려가는 길에 의심해 버려요. 이게 인간이에요.

"믿고 가더니" 이것은 결코 작은 일이 아닙니다. 우리가 믿을 수밖에 없는 환경에 내몰려서 다른 길이 없다면 오히려 그 위기는 기회일 수 있습니다.

"믿음의 기도는 병든 자를 구원하리니 주께서 그를 일으키시리라 혹시 죄를 범하였을지라도 사하심을 받으리라"(야 5:15).

믿음의 기도는 병든 자를 구원합니다

믿음의 기도는 그냥 기도가 아닙니다. 믿음의 기도는 병든 자를 구원합니다. 이는 기도하는 사람이 믿음이 있거나 기도해 주는 사람과 기도를 받는 사람이 믿음이 있어야 가능합니다.

성경에 보면 백부장의 종이 병들었어요. 백부장은 사랑이 많은 사람이었던 것으로 보입니다. 그 당시 종은 물건과 같은 존재인데 백부장은 예수님께 나와서 내 종을 고쳐 달라 합니다.

"말씀만 하셔도 내 종이 낫겠나이다."

직접 방문한다 해도 의심하는데, 백부장은 오고 안 오고의 문제가 아니라는 거예요. 주님의 능력이라면 지금 이 시간에 말씀만 하셔도 내 집에서 끙끙 앓고 있는 내 종이 나을 줄로 믿는 대단한 믿음이 있었다는 겁니다. 백부장이 믿음이 있었죠. 주님은 말할 것도 없이 믿음 자체로 둘이 딱 결합되니까 그 시간에 병든 하인이 치유된 것입니다.

사도행전 3장 베드로와 요한은 믿음이 있었어요. 나면서

부터 거지로 구걸하며 지낸 앉은뱅이는 전혀 믿음이 없었어요. 그는 금과 은을 바랬지 믿음으로 본 것이 아니에요. 베드로와 요한이 병 낫게 해 주겠다고 사전에 말씀을 전한 것도 아니고 믿음을 부추긴 것도 아니에요.

"우리를 보라." 그리고 딱 보니까 "내가 은과 금은 없거니와 나사렛 예수 그리스도의 이름으로 명하노니 일어나 걸어라" 이 사례는 믿음을 가질 겨를도 없었어요. 일방적 믿음, 기도해 주는 베드로의 완전한 믿음으로 이 앉은뱅이는 얼떨결에 일어나서 걷게 되는 기적의 주인공이 되었다는 것입니다.

그러므로 반드시 믿음이 있어야 합니다. 믿으면 역사가 일어날 줄로 믿습니다. 어느 때까지 믿어야 되느냐? 될 때까지입니다. 포기하지 않는, 될 때까지의 믿음입니다. 그리고 무엇을 믿어야 되느냐? 치유된 이후까지 믿어야 합니다. '내가 기도를 받아서 나았다. 이제부터 내가 주를 위해서 어떻게 할까?' 여기까지 가야 한다는 거예요.

엘리야에게 그런 믿음이 있었어요. "갈멜산에 가서 불을 끌어내리는 이가 진정으로 살아 있는 신이다. 대결하자." 바알과 아세라 우상숭배자들과 영적 대결을 하는데 엘리야의 믿음을 보세요. 고랑을 파 버렸어요. 저는 이 장면을 굉장히 인상 깊게 봅니다. 고랑을 파서 물을 부어 안전하게 해 놓고 하나님께 기도하니 불이 믿음대로 임하였다는 것입니다.

여러분, 어차피 우리 인생은 얼마 못 삽니다. 인생은 너무 짧습니다. 그렇지 않습니까? 이래도 저래도 되는 회의론자가 아니고 정말로 지혜가 있으면 솔로몬처럼 깨달아야 됩니다. 헛되고 헛되며 헛되고 헛되니 모든 것이 헛됩니다. 우리에게 무엇이 남습니까? 하나님만 남아요. 무엇만 남느냐? 내가 믿음으로 산 것만 남습니다. 오늘 결심하세요. 믿음으로 살자. 그러면 치료의 역사가 일어납니다.

자신을 포기해야 치료의 역사가 일어납니다

자신의 경험과 생각을 완전히 내려놓는 것, 나아만이 그래서 치료 받았습니다. 열왕기하 5장에 나아만이 나으려니까 여종 하나를 전쟁통에 붙잡아 왔는데, 그 여종이 엘리사를 소개했어요. 다른 길이 있었으면 안 갔을 거예요. 그 대국의 군대장관 이인자가 자존심 굽히고 선물 보따리를 싸가지고 바쁜 일을 그만두고 그 변방에 있는 작은 나라 이스라엘에 가서 엘리사를 만나려 했겠습니까? 길이 없으니까 갑니다.

여러분, 길이 없는 것도 길입니다. 사방이 막힌 것도 때로는 방법이 될 수 있습니다. 우리 하나님만 바라볼 수밖에 없으니 잿더미도 방법일 수 있습니다. 사방이 막히니까 하늘을 처다보는 거예요. 그것이 복일 수 있습니다. 길이 여러 갈래고 방법이 여러 가지면 절대 하나님을 안 찾습니다. 이것이 인간의 속성이에요.

나아만은 엘리사를 찾을 수밖에 없었어요. 하나님이 그를 살리려고 마음먹으신 거예요. 그런데 자기 생각이 있었어요. "내 생각에는" 이것이 문제였습니다.

우리 생각이 중요한 게 아니에요. 나의 생각이 자신을 망하게 합니다. 나의 생각 때문에 복을 못 받는 거예요. 나의 생각 때문에 성령이 역사하지 못하는 거예요. 내가 성령을 제한하고 있다는 것입니다.

나아만이 어떤 생각을 품고 갔느냐? 그것을 하나님이 철저히 깨뜨리고 엘리사에게 역사하기 시작했어요. 나아만은 엘리사가 나와서 자기를 보고 환영해 주고, 경배하며, 자기 신의 이름으로 상처에다가 손을 얹고 기도해 줄 줄로 알았겠지요. 이게 인간의 생각입니다.

함께 간 종이 설득합니다. 지금 죽어 가는데 요단강에 가서 일곱 번 목욕하는 게 뭐가 어려운 일이겠습니까? "가자" 그리고 갔어요. 자기 생각을 내려놓으니까 가게 되는 거예요.

여러분 교회 안에서 누가 회복이 안 되고, 누가 치유가 안 되고, 누가 성장이 안 됩니까? '자기 고집이 있는 사람' 입니다. 예배드리고 이러쿵저러쿵, 능력이 있느니 없느니, 셀 리더가 옳으니 틀리니 판단하고 비난합니다. 그런 사람들 은 절대로 은혜 못 받습니다.

엘리사가 다른 방법이 없었겠어요? 나와서 기도할 능력 이 없었겠습니까? 안수하고 기도하면 그 자리에서 낫겠죠. 그러나 나아만은 자신을 내려놓음으로 영혼이 회복되고 하나님을 의지하게 되고, 그의 영혼이 완전히 회복됐습니 다. 나병만 나은 것이 아니라 우상숭배도 안 하겠다는 믿 음의 고백까지 이릅니다.

우리 것들을 내려놓아야 주님이 치유하기 시작합니다. 병원에 갔으면 '의사 선생님의 말에 따르겠습니다' 해야지. 내 병은 내가 안다며 고집 부리고, 돈이나 뜯어먹으려 한 다 하고, 수술을 안 해도 되는데 수술하라고 그랬다고 하 고 그러면 안 되는 겁니다. 병원을 뭐 하려고 옵니까? 병원 에 왔으면 맡기세요. 교회에 왔으면 믿기로 했으면 그분께 맡기세요. 그분께 치료를 구하고 치료받기를 원하면 그분께 다 맡기세요. 나의 생각을 열어 놓고 성경을 통하여, 기도를 통하여, 주변의 믿음의 이웃들과 선진들을 통하여 하시는 말씀을 귀담아 듣고 순종하면 주님의 치유의 역사가 일어날 것입니다.

끝까지 포기하지 않아야 됩니다

어떤 경우에도 주님의 능력을 믿고 포기하고 주저앉아 있어서는 안 됩니다. 나사로가 죽어 버렸어요. 집안에 기둥인 오라버니가 죽어 버렸잖아요. 그런데 마르다가 주님이 나흘 만에 왔는데도 불구하고 뭐라고 그러는지 아세요? 두 가지를 이야기합니다. 주님을 붙잡고, "주님이 여기 계셨으면 내 오라비가 죽지 않았을 것입니다." 이것도 보통 믿음은 아니에요. 그런데 이런 믿음은 우리가 갖고 있을 수 있는 믿음이에요. 주님이 지금 우리와 함께 있었다면 우리 오라버니가 죽기 전에 주님이 고쳐줬을 거 아니에요. 그런 믿음을 가질 수 있죠. 그런데 그 다음의 믿음이 놀라워요. 지금이라도 주님은 무엇을 하실 수 있다고 믿습니다.

주님이 그 입에 말씀을 주신 거라고 봅니다. 그런데 그 말씀대로 이루어졌어요. '계셨더라면 내 오라비가 죽지 않았을 것입니다. 그러나 이제라도 주님은 뭔가를 하실 수 있다고 믿습니다.' 무덤에 있는 나사로를 끄집어내어 살리셨어요. 믿음의 고백대로 되었습니다. 끝까지 포기하지 않으면 주님의 더 깊은 뜻을 보게 될 것입니다.

왜 오늘날 치유의 역사가 안 일어난다고 생각하십니까? 치유하시는 하나님을 잊어버렸어요. 기대하질 않습니다. 하나님을 잊어버려요. 하나님을 편향되게 믿고 있어요. 구원하시는 하나님, 복 주시는 하나님, 다 좋아요. 가장 큰 하나님은 구원의 하나님이죠. 내 생명을 살렸으니까. 그런데 그 하나님은 우리에게 치료도 해 주시는 하나님이에요. 그걸 다 잊어버렸어. 그래서 치료를 한다고 그러면 이상하게 봅니다. 여러분 치료하는 게 정상이에요.

우리 영혼이 치료되어 의롭게 되고, 내 마음이 치료돼서 용서를 하게 되며, 내 육체가 치료되어 그리스도의 이름으로 간증을 하는 것이 정상이에요.

교회에 가서 구원 받고, 구원 받는 것도 치료 받는 것입니다. 교회 가서 예수님 만나고, 낙심하고 근심 있는 사람이 기쁨으로 회복되는 것이 치유입니다. 우리 하나님 앞에 치료되는 기대감을 가지라 이겁니다. 주님은 나를 치료하실 수 있습니다. 살고자 하는 자는 사는 거예요. 응답받기를 원하는 자는 응답을 받고, 지혜를 원하는 자는 지혜를 받게 되는 것이고 주님이 우리의 마음속에 소원을 두고 행하신다 하셨습니다.

내가 목사가 되고 싶은 마음이 제 마음이 아니었습니다. 나는 내 마음인줄 알았는데, 나중에 알게 됐습니다. 그 마음에 소원을 주시고 행하시는 하나님입니다. 계속 그 마음의 소원을 품고 품으니 어느 날 목사가 됐어요.

우리가 주님의 치료하심을 믿고 기대하고 구하고 바라면 하나님이 어느 순간에 우리에게 치료의 역사를 이루어 주십니다. 내가 누군가를 용서해야지. 나도 이제 내 마음의 상처를 위로 받고 이 사람을 용서해야지라고 마음을 품고 계속 기도하면 용서할 수 있는 힘이 생기고, 용서할 수 있는 계기가 만들어지며, 용서할 수 있는 날이 오게 될 것입니다.

우리가 치료받을 수 있는 근거 세 가지

첫째, 하나님의 약속의 말씀 때문에 우리가 치료 받을 수 있습니다. 주님은 '치료하시는 여호와'라 말씀하셨습니다. 둘째, 예수님이 실제로 이 땅에 오셔서 치료하셨습니다. 치료하는 걸 막지 않으셨어요. 셋째, 주님의 사명을 받든 제자들에게 치료를 행하셨습니다. 우리도 제자예요. 그 성령의 시대는 지금도 계속되고 있습니다. 그렇기 때문에 주님의 치유는 과거의 사건이 아닌 것입니다.

오늘도 우리 가운데 치유의 역사가 일어나고 있습니다. 믿음대로 누구에게 안수 받아서 치료받을 수 있고 여러분이 기도해서 치료 받을 수 있으며, 말씀을 보다가 치료 받을 수 있고, 성경공부를 하다가 귀신이 나갈 수도 있고 성경공부를 하다가 죄가 떠나가 회개하여 화해의 역사가 일어날 수도 있습니다. 이 모든 전인적 치유가 우리에게 날마다 일어나기를 바랍니다.

내 영혼이 치료된 것처럼 우리 범사가 치료되어 하나님 앞에 힘 있게 살아가야 하지 않겠습니까? 똑같은 인생인데 어떤 이는 맨날 아프다고만 하는가 하면, 어떤 이는 치료 받고 날개짓을 하며 주님의 사명을 감당하는 인생도 있잖아요. 우리 모두가 하나님 앞에 그렇게 쓰임 받는 가치 있는 인생을 살아갑시다.

우리 모두가 치유하시는 주님을 신뢰하고 믿음으로 치료하시는 '여호와 라파' 하나님의 힘을 만나는 놀라운 일이 이루어지기를 주님의 이름으로 축원합니다.

선을 이루시는 하나님
로마서 8:26~28

　임계점이란 어떤 물질의 구조와 성질이 바뀔 때의 온도를 말합니다. 우리가 무언가를 습득할 때 일정한 횟수를 반복해야 자연스러운 생각과 행동이 따른다는 것입니다. 임계점은 어떤 절대적인 양을 채웠을 때에만 그 한계점을 넘어설 수 있습니다. 인간에게는 어떤 임계점이 있을까요?
　벼룩은 자기 몸의 몇 십 배를 뛴다고 합니다. 과학자들이 벼룩을 유리잔에 가두어 관찰해 보았습니다. 벼룩이 뛰면서 천장에 부딪칩니다. 걸리고 부딪치고를 반복하더니 몸이 체질화되어서 자동으로 그 이상을 안 뛰더랍니다. 그 후 덮어 놓았던 그 잔을 치워도 벼룩이 그 이상을 뛰지 못

합니다.

　세상의 시스템과 논리, 세상의 학문과 방법, 이런 것들에 우리가 완전히 장악되어 세상과 타협하면 안 됩니다. 세상을 끌고 와야 합니다. 세상의 비위를 맞추고 세상의 기준에 맞춰 가기 시작하면 이건 믿음도 아니고 세상도 아니게 됩니다. 안 된다고 생각하지 말고 체질화 되지 마십시오. 속지 않으려면 말씀과 기도밖에 없습니다. 기도할 때 성령이 임하시고, 기도할 때 힘주시고 기도할 때 하나님의 전략이 생깁니다. 우리 그렇게 살아갑시다.

하나님이 주신 것들이 복이라고 생각하시나요?

　인간은 아무리 좋은 것을 가지고도 인생을 망치기 십상입니다. 돈은 참 좋은 것입니다. 여러분, 돈을 사랑하는 것이 악이라고 했지 돈 자체를 악이라고 하지 않습니다. 돈이 악이면 하나님께서 무엇 때문에 아브람을 부유하게 하셨겠습니까? 아브라함은 대단한 부자였습니다. 아브라함의 조카가 잡혔을 때 사병 318명을 데리고 가서 그를 데리고 왔는데, 사실은 500명이 넘었는지도 모릅니다. 후방에 지키는 사람도 있어야 했을 테니까요. 318명의 숫자는 '이 정도면 충분하겠다' 하는 만큼만 데리고 와서 구출해 온 것이 아니겠습니까?

 그 옛날에 자기 사병 318명을 두었다는 것은 굉장한 것입니다. 월급을 줘야 하고, 먹여야 하며, 때때로 훈련하다 다치면 고쳐 주어야 하고, 그 식솔들까지 보살펴야 하니 어마어마한 돈이 들어갔을 겁니다. 그 돈이 어디서 나왔겠습니까? 또 가축과 땅은 얼마나 많았겠으며 그 종들은 얼마나 많았겠습니까?

 그런 아브라함이 겸손하게 나그네를 대접했습니다. 이러니 아브라함이 복을 받을 수밖에 없습니다. 물질이 악한 것은 아닙니다. 문제는 이것을 받은 자가 어떻게 쓰느냐가 문제입니다.

 그런데 이 물질 때문에 인간이 많이 망가집니다. 갑자기 부자가 되면 좋아야 되는데 좋은 건 그때뿐이고 그때부터 불행이 찾아옵니다. 그런 사람 많습니다. 돈은 좋은 것인데 돈이 생겼으면 더 좋은 일이 생겨야지 돈이 생기므로 불행해져서 가정이 깨지고 더 패역해집니다. 이것이 인간의 특징이에요. 참 묘합니다. 인간은 좋은 것을 가지고도 나쁜 결론에 이르는 경우가 많습니다. 저도 그렇고 여러분도 그렇습니다.

사실 아담은 인류 역사상 가장 큰 복을 받은 사람입니다. 아담은 추위를 걱정할 필요가 없었습니다. 아담은 우리처럼 땀 흘려서 일할 필요가 없었어요. 그 무엇보다 아담은 마음에 근심이 없었습니다. 아무리 많은 걸 가져도 근심이 있기 마련입니다. 하지만 아담은 죄가 없었기 때문에 속 썩을 일이 없었습니다. 그렇게 에덴동산에서 살았습니다. 그 좋은 조건에서 그냥 하나님만 바라보고 살면 됩니다. 이것이 축소판 천국입니다. 하나님께서 하라고 하는 대로만 하면 됩니다. 아침저녁으로 주님의 얼굴을 구하고, 바라고, 만나고, 그렇지 않습니까?

그런데 이 아담이 그 좋은 조건에서 완전히 망가집니다. 그래서 가시와 엉겅퀴와 황무한 땅으로 쫓겨나서 930년을 고생고생하면서, 자식 때문에 속앓이를 하게 됩니다. 가인이 동생을 죽여 버렸기 때문입니다. 그러니 가인을 보면 어떠했겠습니까? 가인을 용서할 수도 없고 그렇다고 가인마저 자기가 내칠 수도 없지 않습니까? 물론 다른 자식을 하나님께서 또 주셨지만 아벨을 가슴에 묻고 아담과 하와는 가인이 밉지만 자식이니까 미워할 수도 없었던 것입니다. 그러니 어떻게 살았겠습니까? 그리고 열심히 땀 흘려 일해야 겨우 하루하루를 넘어갈 수 있는 그런 삶을 930년을 살았던 것입니다.

아담에게 제일 큰 저주는 무엇이었겠습니까? '내가 왜 그 랬을까? 내가 왜 선악과를 먹었을까?' 아마 그런 깊은 후회를 평생의 멍에로 안고 살았을 것입니다.

삼손은 엄청난 하드웨어를 가지고 태어났습니다. 힘이 장사였습니다. 목축업, 농사, 전쟁 통에서 천하장사도 덤빌 수 없는 엄청난 괴력의 사람이었던 것입니다. 그는 하나님의 영광을 위해, 구분되어 살기로 한 나실인이었습니다. 이스라엘 백성을 지키고, 하나님의 사명을 감당하라고 주신 그의 힘을 정욕을 위해 쓰다가 마지막에 눈알이 뽑히고 비참하게 망하고 말았습니다.

솔로몬도 시작은 좋았습니다. 얼마나 영특하고 겸손했습니까? 그런데 노년에 망가지기 시작합니다. 인간의 계략으로 정치하느라고 이방의 여인들을 데려다가 우상숭배 하게 만들고 결국 남북 이스라엘이 갈라지는 단초를 제공하고 죽은 사람이 솔로몬입니다. 그 엄청난 지혜를 가지고 제대로 정치하고 백성들을 살폈으면 얼마나 좋았겠습니까? 엄청난 건축물을 짓기 위해 거둔 과중한 세금으로 인해 고달픈 백성들이 그 아들 르호보암에게 세금 좀 탕감해 달라고 사정할 만큼, 솔로몬의 말기는 피폐했습니다. 그 좋은 지혜를 가지고 도대체 왜 그랬느냐는 것입니다. 남의 말 같습니까? 저의 이야기이고 여러분의 이야기가 될 수 있습니다. 인간은 그럴 수밖에 없습니다. 그러나 하나님의 손에 붙들린 인생은 최악의 경우에도 가장 최선의 결과를 가져옵니다. 믿음이란 그것을 믿는 것입니다.

다윗을 보십시오. 다윗은 어릴 적부터 모든 혜택을 받지 못했습니다. 배움의 기회도 없었고, 행복할 기회도, 세상을 경험할 기회도, 평범한 행복도 없었던 사람이었습니다. 사실 사위를 죽이려고 덤벼드는 장인이 몇 명이나 있겠습니까? 그러나 다윗은 그 광야길에서 강하게 만드는 대역전 드라마를 써 갑니다. 다윗은 광야가 있었기 때문에 하나님의 음성을 들을 수 있었습니다. 다윗이 광야를 지났기 때문에 백성들의 마음을 이해할 수 있었습니다.

제가 몇 년 전에 새벽기도 때 엎드려서 기도하는데 하나님께서 어느 날 말씀하시더라고요. "얘, 가난이 재산이야!" 성질이 확 났습니다. 어릴 때 아침에 일어나면 내용증명 같은 것이 날아오거나 덩치 큰 사람들이 집에 찾아와서 살벌하게 언제까지 돈 갚으라고 겁을 줍니다. 그런데 가난이 재산이라니 이해할 수 없었습니다.

 제 소원은 명절에 식구들끼리 편안하게 밥 한 끼 먹는 것이었습니다. 장사를 하니까 어떻게 할 수 없었습니다. 밥 먹으려고 하면 손님이 들어왔습니다. 그러면 어머니가 드시다가 나가십니다. 우리끼리 밥먹는 것이 죄송하고 불편합니다. 그렇다고 해서 제가 상처가 있는 것은 아닙니다. 주님께서 다 치유해 주셨습니다. 그런데 가난이 복이라고 하시니 열이 안 받겠습니까?

 하나님 앞에 그것을 놓고 기도했더니 하나도 틀린 말이 아니란 것을 알게 되었습니다. 가난했기 때문에 나는 주님을 만났습니다. 가난했기 때문에 나는 절박했습니다. 가난했기 때문에 나는 교회에 갈 수밖에 없었습니다. 가난했기 때문에 목회를 하면서 어려운 성도들의 마음을 조금이라도 더 공감할 수 있었습니다. '하나님께서 내 인생의 여정을 인도하셨구나'라고 고백할 수 있었습니다.

 모세는 인생의 중년을 처가살이로 다 보냈습니다. 인생의 황금기에 해당하는 40년을 살았습니다. 40세까지는 바로의 궁궐 안 왕실 도서관에서 공부하고 건축술, 군사, 철학 등 다양한 분야를 배우고 꽃을 피우려 하는데 사건에 휘

말려 살인자가 되어 광야로 쫓겨나게 됩니다.

서서히 온 것도 자청해서 온 것도 무슨 계획이 있어서 온 것도 아니고 하루아침에 나락으로 떨어져서 양을 쳐 본 적도 없고 무엇을 해본 경험도 없이 그들과 적응하려니 대화도 잘 안 되고 대화 상대가 없으니 말도 잘 안 하게 된 것입니다. 말이 어둔한 자요, 복잡한 인생을 살아온 80세 모세가 주님을 만나게 됩니다. 그런데 하나님께서는 그런 모세를 통해 하나님의 일을 하신 것입니다.

여러분, 늦지 않았습니다. '나는 이제 끝났다. 이 나이에 무엇을 할 수 있겠는가?'에 속지 마십시오. 할 수 있습니다. 나이는 허상에 불과합니다. 죽기 전까지는 무엇이든지 할 수 있습니다. 주님 부르시기 전까지는 무엇이든지 할 수 있습니다. 그런데 우리가 주님의 일은 왜 못하겠습니까? 여러분, 할 수 있습니다.

바울이 고린도 교회에 이렇게 외쳤습니다.

"형제들아 너희를 부르심을 보라 육체를 따라 지혜로운 자가 많지 아니하며 능한 자가 많지 아니하며 문벌 좋은 자가 많지 아니하도다"(고전 1:26).

바울이 우리를 무시하는 게 아닙니다. '형제들아 너희를 좀 봐라. 지혜롭고 문벌 좋은 자는 다 밖에 있다. 그런데 우리같이 약하고 무능하고 부족한 자들을 부르사 하나님이 우리를 쓰시니 놀랍지 않으냐? 하나님이 어떤 하나님이시냐? 모든 것을 합력하여 선을 이루시는 하나님이시라' 이 말입니다.

죽음조차 선을 이루시는 하나님

여러분, 죽음이라는 것은 모든 것의 끝입니다. 그래서 죽음은 가장 강한 것입니다. 사는 것은 좋은 것이지 강한 것만 못합니다. 우주만물에서 가장 강한 단어는 '죽음'이라고 생각합니다. 죽는다는 데 어떻게 하겠습니까? 도덕이라는 것이 무슨 필요가 있습니까? 재산이, 경력이 무슨 필요가 있습니까? 심지어는 죄조차도 죽음 앞에서는 맥을 못 춥니다. 그래서 주님이 십자가에서 죽으신 것입니다. 십자가에서 죽으셨기 때문에 죄가 위력이 없어져 버린 것입니다. 살아 있을 때만 죄가 왕 노릇하는 것입니다. 물론 죄인인 채로 죽으면 그 죄 가운데 지옥에서 영영 형벌을 받게 되겠지만 십자가의 죽음이, 그 십자가의 죽음의 권세가 얼마나 크냐 이 말입니다. 성경에 사랑의 강함, 사랑의 크기, 사랑의 무게에 대하여 이렇게 표현을 했습니다.

"사랑은 죽음같이 강하다"(아 8:6).

그런데 이 말씀을 자세히 보면 사랑은 죽음보다 강하다고 했습니다. 죽음만큼 강한 것이 사랑이다, 그러니까 사랑이 굉장히 강한 것인데 2등밖에 안 되고 1등은 죽음이라는 것입니다. "저 사람 재벌 못지않아." 그러면 그 사람은 부자라는 말이지 재벌을 능가하는 부자는 못 된다는 것입니다. "저 사람은 아인슈타인과 같아." 그러면 아인슈타인을 능가하지는 못한다는 것입니다. 그 정도에 근접한 과학자란 말입니다. "사랑은 죽음같이 강해." 그 말은 사랑은 굉장히 강한 것이지만 죽음보다는 강하지 않다, 그만큼 강한 것이 죽음이라는 것입니다.

죽음은 모든 것을 묻어 버리는 것입니다. 모든 사건, 모든 수치, 모든 영광, 그날로 게임아웃, 끝장 나버리는 것입니다. 그래서 세상 사람들이 마지막에 몰리면 죽음을 선택하는 데 그것은 제일 어리석은 짓입니다. 왜냐하면 죽음은 강하지만 끝이 아닙니다. 진정한 시작임을 깨달으셔야 됩니다.

여러분, 죽음은 끝이 아닙니다. 그런데 강합니다. 이처럼 모든 인간사의 최정점이 죽음인데 그 죽음은 끝이라서 아무것도 해 볼 수가 없는 것입니다. 그 죽음조차도 주님께서는 선을 이루시는 분입니다. 왜냐하면 그분이 죽어서 우리가 산 것입니다.

예수님이 죽어서 사탄이 죽었고 예수님이 죽어서 죄가 죽은 것입니다. 얼마나 놀라운 역사입니까? 그러므로 죽음은 우리에게 생명을 준 것입니다. 주님만이 그렇게 하실 수 있습니다.

영국의 설교가 로이드 존스 목사님이 하신 말씀이 제 귀에 잊혀지지를 않습니다.

"2천 년 기독교사에 '하나님을 사랑하는 자 곧 그의 뜻대로 부르심을 입은 자들에게는 모든 것이 합력하여 선을 이루느니라'(롬 8:28) 하는 이 말씀은 셀 수도 없는 그리스도인들을 절망에서 소망으로 바꾸어 놓았다."

'내가 지금 도무지 일어날 수 없는 절망적인 상황이지만 하나님은 이 모든 것을 합력하여 선을 이루신다고? 그러면 이것도 선을 이루시려고 하는 발판이구나.' 이 말씀이 믿어지니까 일어나게 됩니다. 우리가 다시 용기를 내어 소망을 품습니다. 우리가 다시 힘을 낼 수 있는 것입니다.

이것을 믿는 것이 믿음입니다. '다 이유가 있을 거야. 하나님께서 쓰실 거야. 이유 없는 고난은 없어.' '예수 그리스도 안에 있는 우리에게는 고난조차도 유익이라고 했으니까 한번 기다려 보자.' 그리하였더니 정말 돌파가 되고, 기다렸더니 승리하게 되고, 기다렸더니 하나님께서 영광 받으시더라는 것입니다. 셀 수도 없는 성도들이 지난 2천 년 동안 이 말씀으로 다시 일어났던 것입니다.

우리도 일어나기를 축복합니다! 일어나야 합니다. 그것이 정상입니다. 아무리 큰 고난이 닥쳐도 감당하지 못할 고난과 시험은 안 주신다고 했으니까 그 말씀을 믿으십시오.

여러분, 고난이라는 것은 연거푸 옵니다. 이상하게도 파도는 한 번 오고 마는 것이 아닙니다. 욥에게 고난이 몰려왔어요. 자식이 죽고, 재산이 무너지고. 자기 육체에 질병이 와 버립니다. 이 모든 일이 순식간에 일어났습니다. 정신 못 차리고 있을 그때에 우리가 붙잡아야 하는 말씀이 이것입니다. "하나님은 모든 것을 조합하여 선을 이루시는 분이시다" 이런 사례는 성경에 셀 수도 없이 많습니다. 서두에 이야기했지만 다윗이 그랬고 모세가 그랬습니다.

요셉은 꿈 때문에 총리가 되었습니다. 하나님께서 하신 것입니다. 꿈은 인간이 꾸고 싶어서 꾸는 것이 아니지 않습니까? '꿈도 하나님께 있고 해석도 하나님께 있다.' 요셉은 그것을 알았습니다. 그래서 바로 앞에서 "이 꿈을 해석

할 분은 하나님이십니다."라고 말하고 바로의 꿈을 해석해 줍니다. 그러면 어떻게 요셉이 바로 앞에 설 수 있었을까요? 아무리 대단한 공을 세워도 그 당시 바로는 왕이요 신인데 그 가나안 땅에서 굴러먹은 변방의 죄인을 바로가 만나 주겠습니까? 저도 안 만나 줍니다. 그런데 바로 왜 만납니까? 다급하기 때문입니다. 오직 유일하게 이 사람만이 문제를 해결할 수 있으니까 만났습니다.

그러면 중간 다리가 역할을 누가 했습니까? 술 맡은 관원장입니다. 술 맡은 관원장과 만나기 위해서는 고위대작만 집어넣는 왕족의 감옥에 들어가야 합니다. 그런데 보디발이 요셉이 종인데 그곳에 가두었습니다. 그곳에 갈 이유가 안 됩니다. 그런데 국가 중대 사범들과 같이 감옥에 집어넣은 거라 이 말이죠. 하나님의 절묘하신 인도가 있단 말입니다. 그곳에서 술 맡은 관원장이 요셉의 꿈의 해석으로 다시 복권됐습니다. 그러다 2년이 지난 어느 날, 바로가 꿈을 꾸니까 그때 생각이 난 것입니다.

"꿈을 풀 수 있는 자가 있습니다. 내 꿈을 맞춰서 내가 복권되었습니다."

"누구냐?"

"요셉이라는 종입니다."

요셉만 그렇습니까? 여러분과 저는 안 그렇습니까? 모두 그렇습니다. 내가 깨닫지 못하는 것이지 우리에게도 다 이런 선하신 계획이 있습니다. 이걸 믿으셔야 됩니다. 그래서 행악자의 형통을 부러워하지 마십시오. 의인의 권한을 낙심하지 마십시오. 하나님이 다 하십니다.

선을 행하시는 하나님

저는 목회 현장에 선을 이루시는 하나님을 수없이 봤습니다. 최악의 상황에서 최선으로 바꾸시는 하나님. 망해 버린 절체절명의 순간에서 생명의 역사로 바꾸시는 하나님 말입니다.

제가 파트 전도사로 있을 때 철야를 옹기종기 모여서 하고 있었습니다. 유아실에 있던 어느 여집사님 남편이 술을 잔뜩 먹고, 성경책은 찢어서 바닥에 던져놓고는 집사님의 머리채를 끌고 가버렸습니다. 제가 뒤따라갔습니다. 미용실을 운영하셨는데 고함치며 다 때려부십니다. 그때는 제가 순진했으니까 욕지거리를 다 들으며 말리고 있었습니다. 두 시간을 퍼붓고 나니깐 술이 깨서 제정신이 드신 모양입니다. 언성과 고함을 쳤으니 미안할 거 아닙니까? 그래서 그 틈새를 노려서 제가 "예수 믿으세요."라고 말했습니다. 그랬더니 광신자라며 더 펄쩍펄쩍 뜁니다. 제가 조금씩 설명을 했습니다. 그런데 기적 같은 대답을 하십니다. "이번 주에 교회 갈게요."

교회에 등록한 그날부터 저는 1년간 고난을 당했습니다. 술 먹고 교회로 오고, 예배 끝날 때 찾아와서 포장마차로 저를 끌고 다녀요. 그리고 자기는 술을 먹습니다. 저는 옆에서 안주 먹었고요. 다음날 중간고사 기말고사 시험 봐야 하는데 막 끌고 다닙니다. 철야 끝나면, 철야는 안 나오면서 교회 문턱에서 기다리고 있습니다. 그런데 이분이 점차 변하기 시작했습니다. 신실한 그리스도인으로 변하여 완전히 어린아이가 되었습니다.

여러분 가운데에는 핍박이 거센 성도님들이 있습니다. 감당하기 어려운 환경들이 밀어닥치는 성도님들이 있습니다. 그러나 끝은 있습니다. 여러분이 포기만 하지 않으면 반드시 승리합니다. 마귀는 우리를 포기시켜 버립니다. 포기해서 복을 못 받는 겁니다. 포기해서 목적을 못 얻어내는 겁니다. 포기해서 영혼을 못 살려내는 겁니다. 참고 또 참고 고비고비 넘어가고 또 넘어가고 하나님의 섭리를 인정하고 견디다 보면 반드시 일어나십니다.

선을 이루시는 전제 조건

오늘 28절에 어떻게 말씀하십니까? "하나님을 사랑해야" 합니다. 하나님을 대적하는 자는 선이 이루어지지 않습니다. 요셉이 하나님을 사랑하기 때문에 죄를 짓지 않았고, 그래서 선을 이루게 된 것입니다. 아브라함이 하나님을 사랑했습니다. 그렇기 때문에 갈수록 강해집니다. 계획도 뜻도 생각도 없지만 하나님을 사랑했더니 선이 이루어집니다.

여러분, 하나님만 사랑하며 가는 겁니다. 그거밖에 없지 않습니까? 다윗은 하나님을 사랑했습니다. 내가 죽는 것이 문제가 아닙니다. 골리앗, 적이 문제가 아니라 하나님을 사랑하니까 견딜 수 있는 거예요. 자기가 왕의 사위가 되고자 한 것도 아니고 왕이 되고자 한 것도 아닙니다. 유명해지고자 한 것도 아닙니다. 자신 앞에 있는 문제, 하나님을 사랑하기 때문에 참아지는 것입니다.

모르드개, 하나님을 사랑했지 않습니까? 이름을 남기고자 한 것도 아니고 하만을 이기려고 한 것도 아닙니다. 그냥 '나는 하나님 앞에 양심상 이럴 수 없다.' 하나님을 사랑하니까 말씀을 지키기 위해서 그랬는데 일이 꼬이게 된 겁니다. 결국은 꼬이더니 승리하고 존귀한 자가 되어 버립니다. 어쩌다 보니 복 받아 버리는 것, 어쩌다 보니까 일등

이 되어 버리는 것, 어쩌다 보니 하나님께서 세워 주신 자가 된다 이 말입니다. 이게 진짜 복입니다. 내가 얻으려고 하면 가룟 유다처럼 되는 겁니다. 주님만 바라보고 주님만 목적 삼으며 간다면 하나님께서 채워 주시고 인도하시고 높여 주십니다.

현대어성경에는 그 의미가 더 확실이 담겨 있습니다.

"하나님을 사랑하고 그분의 계획대로 부르심을 받은 사람들에게는 결국 모든 일이 유익하게 된다는 것을 우리는 알고 있습니다."

여기서 '결국'이라는 단어에 주목합시다. 하나님의 계획 아래 결국 우리의 모든 일이 유익하게 됩니다.

하나님을 사랑하기 때문에

그래서 결론적으로 우리가 소원해야 할 것은 무엇이냐 하면 '하나님께서 나를 통하여 영광 받으시는 것' 그래서 바울이 이런 고백을 했습니다.

"나의 간절한 기대와 소망을 따라 아무 일에든지 부끄러워하지 아니하고 지금도 전과 같이 온전히 담대하여 살든지 죽든지 내 몸에서 그리스도가 존귀하게 되게 하려 하나니 이는 내게 사는 것이 그리스도니 죽는 것도 유익함이라"(빌 1:20-21).

'나의 간절한 기대와 소망이 있다. 그것은 옛날부터 그랬지만 전과 같이 지금도 오직 담대하여 내 몸에서 그리스도가 존귀 받는 것이다. 그럴 수만 있다면 내가 죽어야 한다면, 내가 죽음으로 그리스도께서 존귀함을 받으실 수 있다면 나는 그것도 유익이라고 여긴다.' 이게 무엇입니까? 하나님을 사랑하기 때문에 바울을 통하여 선을 이루시는 것입니다.

바울도 요셉의 여정과 비슷합니다. 3차 전도여행을 하다가 잡혀서 로마로 압송됐습니다. 바울은 로마에 가고 싶었던 사람입니다. 놀러 가는 것이 아니라 복음 전하기 위해서 말입니다. 그런데 뜻밖의 길이 열린 것입니다. 공짜로 배 타고 가게 생겼습니다. 복음 전하다가 잡혀서, 그것도 혼자 가면 테러당할 수도 있었는데, 비록 자유롭지는 못했지만 보호 받으면서 갑니다.

그런데 풍랑이 왔습니다. 하필 표류된 것이 멜리데 섬입니다. 멜리데 섬에서 불을 피웠는데 독사가 바울의 손을 물었습니다. 그때 그들이 뭐라 했습니까?

"저들이 운이 좋아서 유라굴로를 피해 이 섬으로 왔을지 모르나 역시 신의 저주를 피할 수는 없구나. 저 풍랑은 피했을지 모르나 저 사람은 뱀에 물려 죽는다."

이 뱀이 얼마나 강한지 그들은 압니다. 그러나 바울이 터니 뱀이 불 속에 떨어져 죽었습니다. 이를 본 원주민들이 바울을 신이라고 여깁니다. 그리고 추장 아들의 열병을 고쳐 줌으로 인하여 그곳에 복음을 전하는 역사가 일어납니다.

이처럼 어딜 가서든 역사가 일어납니다. 감옥에 들어가도 역사가 일어납니다. 빌립보 감옥에 갇혀 있는데 이들은 선합니다. 하나님을 사랑하기 때문에 귀신들린 자를 고쳐 주었을 뿐인데 감옥에 들어갔습니다. "낙심하지 말자. 우리 찬송하자. 기도하자." 찬송하고 기도했는데 옥토가 열려 간수가 예수를 믿게 되고 그의 집안이 교회가 된 줄로 믿습니다.

어떤 경우에도 주님을 신뢰함으로 나아갑시다.

그러므로 우리는 뭘 해야 합니까? 낙심하든지 기도하든지, 나서든지 참든지 결정하십시오. 우리가 나서면 엉킵니다. 기다리십시오. 하나님이 막아 주신 줄로 믿고, 모든 것을 하나님께 맡기십시오. 계획 세우지 말고, 꾀부리지 말고 하나님을 사랑하고 인내하고 기다리면 결국은 우리를 당할 자가 없습니다. 왜냐하면 하나님께서 우리 편이시기 때문입니다.

하나님을 사랑하는 자 곧 그 뜻대로 부르심을 입은 자들에게는 모든 것이 악한 것이든지, 좋은 것이든지, 선한 것이든지, 슬픈 것이든지, 기쁜 것이든지, 빠르든지, 늦든지 모든 것이 합력하여 선을 이루십니다.

예배의 자리를 지키십시오. 말씀을 떠나지 마십시오. 말씀대로 거하십시오. 말씀대로 사느라고, 말씀대로 지키느라고 손해가 왔다면 손해가 아닙니다. 하나님께서 다 기억하십니다. 하나님 말씀 지키느라고 억울한 일을 당했으면 절대로 낙심하지 않고 기다리면 하나님의 방법대로 하나님의 때에 높이실 줄로 믿습니다.

'이 나이에 무엇을 할 수 있겠는가'
이 말에 속지 마십시오.
나이는 허상에 불과합니다.
주님 부르시기 전까지는
무엇이든지 할 수 있습니다.

하나님과 벽이 느껴질 때

민수기 12:1~10

똑같이 예배를 드리는 데 한 사람은 은혜를 받아 펄펄 뛰고, 한 사람은 속으로 판단하는 사람이 있습니다. 똑같이 예수를 믿고 교회를 다닌다고 하는데 어떤 사람은 구원의 확신을 가지고 열정적으로 살고 어떤 사람은 미지근하게 삽니다. 똑같이 기도를 하는데 어떤 사람은 응답을 받고 어떤 사람은 오히려 주님 앞에 외식하는 자라고 판단을 받는 것은 어떻게 해야 하겠습니까? 누가 문제이고 무엇이 문제입니까?

오늘의 주제는 하나님과 내가 가까워져야 하는 데 무슨 문제가 있는가를 진단하는 것입니다.

세상에서 조금 유명하거나 잘난 사람만 좀 알아도, 그 사람이 차를 한 잔 사준 적도, 자기 집으로 초대해 준 적도 없건만 이웃에 산다는 사실만으로 밖에 나가서 엄청 자랑을 합니다.

그런데 하나님이 우리를 알아주신다면 어떨까요? 한 번 물어봅시다. 우리가 하나님을 아는 만큼 하나님도 우리를 아실까요? 착각하지 마십시오. '우리가 하나님을 아는 만큼 하나님도 우리를 아실까' 하는 것은 다른 문제입니다.

마태복음 7장 23절에 이 착각 속에 산 사람들이 있습니다. "나는 너희를 도무지 알지 못한다." 이 모른다는 표현이 전지전능하신 우리 주님이 누구를 모르신다는 표현이겠습니까? 우리를 모르시겠습니까? 하나님을 모르는 사람, 하나님을 믿지 않는 사람이라고 모르시겠습니까? 저 태평양 바다에 물고기가 몇 마리인지를 모르시겠습니까? 우리의 머리털까지 세신 바 되었습니다. 즉, 어느 한 사람의 머리털도 아니고 모든 인류의 머리털까지 다 안다고 하셨는데 모르시는 것이 있겠습니까? 그런데 주님이 '모른다'고 하셨습니다.

이 말은 지식적으로 모른다는 뜻이 아니고 '너희는 나와 상관이 없다.'란 뜻입니다. 얼마나 무시무시한 말입니까?

인생을 살다 보면 어떤 사람이 반가워서 그 사람도 나를 알거라고 생각하고 아는 체하며 달려갔는데 그 사람은 내가 기대한 것만큼 알아주지 않고 시큰둥해서 실망한 경험들이 다 있을 겁니다. 얼마나 민망합니까? 그런데 우리의 영원한 생명의 주관자이신 하나님 앞에 갔는데 나를 모른다고 하시면 어떻겠습니까?

제가 목사인데 여러분이 볼 때 믿음이 있는 것처럼 보일 수 있습니다. 그런데 막상 주님 앞에 갔는데 주님께서 저를 목사로 인정하지 않으시면 어떻게 되겠습니까? 저는 설교를 했고, 목회를 했으며, 성도들을 나름대로 섬긴다고 섬겼는데, 우리 교회 성도들이 다 저를 목사인 줄 아는데 하나님 앞에 갔을 때 하나님께서 모른다 하시는 목사가 된다면 얼마나 무시무시한 일입니까?

여러분, 정말 자신이 있습니까? 우리가 하나님을 아는 만큼 하나님도 우리를 아실까요? 냉정하게 생각해야 됩니다. 모태신앙이니까, 주일을 한 번도 범한 적이 없으니까, 그 기준으로 하나님께서 나를 아신다고 말할 수 있는 것은 아닙니다.

오늘 본문에서 모세가 분명히 잘못했습니다. 모세가 원인 제공을 했습니다. 나이로나 영적으로나, 이스라엘 백성의 지도자로서 리더십으로서 분명 옳지 않은 일을 했습니다. 이스라엘의 동족 여인을 취하여도 덕스럽지 못한 일인데 어떻게 이방인 구스 여인을 취해 아내를 삼을 수 있습니까? 이것은 율법을 전하고 하나님의 일을 대행하는 하나님의 영적 지도자로서 사실 부적절하지 않습니까? 이것을 그의 누이와 형이 비난합니다. 그런데 하나님께서 모세를 감싸고 두둔하십니다. 누가 봐도 이것은 잘못한 일이지만 그렇게 하신 이유가 있습니다.

첫째는 아론과 미리암이 비난하는 본심은 모세의 도덕적 잘못, 덕스럽지 못한 행동만을 꾸짖는 게 아니고 그동안 쌓여 있던 불만을 표출한 것입니다. '하나님께서 너와만 대화하시느냐? 우리는 무엇이냐? 우리가 너보다 못한 것이 무엇이냐?' 하고 말입니다. 그리고 하나님께서 모세의 권위, 즉 하나님께서 세우신 그 권위에 도전했다는 것이 못마땅하셨습니다.

오늘 본문 말씀을 보면 '하나님이 차별하시는구나' 하는 느낌까지 듭니다. 분명히 모세가 잘못했는데 하나님께서 아론과 미리암을 꾸짖으시면서 다음과 같이 두둔하십니다.

"이르시되 내 말을 들으라 너희 중에 선지자가 있으면 나 여호와가 환상으로 나를 그에게 알리기도 하고 꿈으로 그와 말하기도 하거니와 내 종 모세는 그렇지 아니하니 그는 내 온 집에 충성함이라"(민 12:6-7).

'내가 어떤 인생들에게 나의 뜻과 계시와 계획을 알리려면 꿈으로 보여주고 환상으로 어떤 것을 알려주고 말하기도 했다.' 이것만 해도 보통일이 아닙니다. 우리 중에도 이런 일은 흔치 않습니다. 그런데 모세에게는 그렇게 하지 않으시고 하나님께서 직접 대면하여 말씀하시어 친밀감을 나타내신 것입니다. 수준이 달랐습니다.

"미리암, 너한테 내가 그렇게 했느냐?"
"아론, 내가 너한테 말할 때 그렇게 했느냐?"
"모세를 통해서 이스라엘 백성들에게 명령을 했다. 내 종 모세는 내가 그렇게 특별히 대우했다. 그 이유는 그가 나에게 전부를 걸었기 때문이고 충성했기 때문이다."

모세가 그런 사랑을 받을 만한 무언가가 있었겠지만 핵심은 하나님께서 편애하셨다는 겁니다. 하나님께서 특별히 가까이하셨다는 것이 얼마나 부럽습니까?

과연 우리는 어떻습니까? 어떤 힘있고 유명한 사람이 우리를 아는 척하고 불러 주어도 영광스럽고 귀한 일인데 이 우주만물의 주인 되신 하나님께서 우리를 그렇게 대우하신다면 우리의 빈부귀천을 떠나서 그 인생은 승리한 인생이 아니겠습니까? 우리가 그렇게 되기를 원합니다. 하나님께 더 가까이, 영적으로 더 깊고 바르게, 더 온전하게 주님께 몰입할 수는 없겠습니까?

우리는 교회만 왔다갔다 하는 영적 좀비와도 같습니다. 그냥 시간만 때우고 가는 것입니다. 주님의 음성은커녕, 주님의 형상은커녕, 주님의 그림자도 평생 못 느끼고 경직된 예배, 형식적인 기도, 남이 부르니까 마지못해 부르는 찬송, 그렇게 예수를 믿다가 하나님 앞에 가는 인생들이 되어서야 되겠습니까? 물론 그것이 믿음과 영성의 전부라고 말할 수는 없습니다. 한 사람의 믿음과 영성의 깊이를 함부로 말할 수는 없지요. 그렇지만 속에 있는 것이 나오는 법입니다. 사랑하면 반드시 나옵니다.

우리가 예수 그리스도 안에 있고 그분이 우리 안에 있으면 우리가 죽은 예배를 드릴 수 없는 것입니다. 죽은 찬양이나 죽은 기도를 드릴 수 없는 것입니다. 배어 나오게 되어 있습니다. 그러나 현실은 그렇지 않습니다.

오늘날 하나님과 멀어져 버린, 매말라 비틀어져 버린, 형식적이고 위선적인 그리스도인들이 이 땅에 너무 많습니다. 이런 현상들이 교회가 안고 있는 다른 문제보다 더 심각한 문제, 더 근본적인 문제입니다. 하나님을 가까이하려는 사람이 없다, 하나님을 친밀히 여기는 자가 없다, 하나님이 전부인 예배자가 없다, 이것이 점점 더 심각해지는 문제입니다.

주일 아침에 마지못해 집을 나섭니다. 아내 등살에 마지못해 느지막하게 일어났지만 1분이라도 더 늦게 가야 되니까 아내를 먼저 보내고 성경책을 어디에 둔지 모릅니다. 그래도 교회 가면 영상으로 비춰 주니까, 또 성경책이 비치되어 있으니까. 그리고 걸어와도 될 만한 거리지만 늦게 출발했으니 차를 가지고 나옵니다.
교회 왔더니 주차장이 만차입니다. 그냥 갈까 말까 몇 바퀴를 돌다가 그냥 돌아갔다가는 아내가 도끼눈으로 쳐다볼 것 같아 예배는 드려야겠는데 예배에 늦어도 아무 생각이 없습니다. 차라리 잘됐다, 늦는 것이 더 낫다는 고약한 심보로 주차장에 자리가 없다는 핑계를 대며 몇 바퀴를 돌다가 예배 시간에 늦어 버렸습니다. 이왕 늦은 거 느지막하게 들어갔더니 본당에 자리가 다 찼습니다.
그래서 느지막이 영상 예배실 뒷자리에 자리를 잡고 앉아 있으니 전부 자기 같은 사람만 앉아 있는지 예배시간에 고개를 숙이고 주보를 열심히 쳐다보고 있습니다. 기도 시간이 됐는데 눈을 떠보니 절반은 눈을 뜨고 있는 것 같습니다. 설교가 시작되니까 절반은 자고 오늘따라 왜 이렇게 긴지 무슨 말인지도 모르겠고 목사님은 또 무슨 화나는 일이 있는지 그렇게 소리를 고래고래 지릅니다. 비몽사몽간에 딴 생각하고 앉아 있다가 정신을 차리니까 이상하게도 설교만 끝나면 잠이 확 달아납니다.

마지막 찬송 부르는 시간이 되면 정신이 초롱초롱해집니다. 마지막 찬송을 몇 마디 따라 부르고 예배가 끝나는 축도 시간에 재빨리 빠져 나가야 됩니다. 왜냐하면 목사님보다 늦게 나갔다가는 된통 걸려서 "오랜만입니다, 어떻게 지내십니까? 언제 밥 한 번 먹읍시다. 교회 봉사는 언제 하십니까?"

주일은 오늘도 예외 없이 나에게 버겁고 힘든 날이지만 오늘 하루 갔다 왔기 때문에 한 주 동안은 마누라 등살에 시달리지 않는다는 소망을 품고 언제 돌아올지 모르는 마누라를 기다리면서 집에서 라면을 끓여 먹습니다.

솔직히 이것이 한국교회 상당수 남자 성도들의 현 주소입니다. 도대체 나는 들어간 적도 없는 데 무슨 모임은 그리 많아서 아무개가 전화가 오고 문자가 울리고 남선교회니 셀이니 무슨 부서니 한 번도 가본 적도 없고 뭐가 뭔지도 모르겠고 왜 그래야 됩니까? 우리가 똑같이 교회를 다니는 데 왜 그래야 됩니까? 도대체 어디서부터 잘못된 것입니까?

묻겠습니다. 무엇이 정상입니까? 여러분은 어떻게 예수를 믿으려 하십니까? 우리와 하나님 사이를 막고 있는 것은 과연 무엇입니까?

죄가 막고 있습니다

"여호와의 손이 짧아 구원하지 못하심도 아니요 귀가 둔하여 듣지 못하심도 아니라 오직 너희 죄악이 너희와 너희 하나님 사이를 갈라 놓았고 너희 죄가 그의 얼굴을 가리어서 너희에게서 듣지 않으시게 함이니라"(사 59:1-2).

우리에게 문제가 있다는 것입니다. 하나님이 우리를 멀리 떠나신 것이 아니라는 거예요. 하나님이 떠났다고 말하지 마십시오. 하나님이 나를 만나 주지 않는다고 하지 마십시오. 우리가 떠났습니다. 우리가 담벼락을 쌓았어요. 우리가 허물면 되는데 얄팍한 자아가 그것을 허물지 못하고 있는 것입니다. 죄악이 하나님과 우리 사이를 갈라놓았습니다.

그분의 손이 짧아서 우리를 미처 구원하지 못하는 것도 아니고, 우리가 고래고래 소리를 질러도 귀가 둔하여 듣지 못하심도 아닙니다. 하나님과 우리 사이에 죄악이 큰 구렁을 만들어서 그분이 우리에게 오시지 않으시고 우리가 그분께 가지 못하고 있거늘 우리는 앉아서 하나님 탓만 하고 있는 것은 아닙니까?

열심이 문제가 아닙니다. 방법이나 수단이 문제가 아닙니다. 죄의 문제를 해결하고 우리와 하나님 사이에 깊이 파여 있는 골을 메우지 않으면 우리와 하나님은 가까워질 수 없는 것입니다. 우리가 자식을 얼마나 사랑합니까? 아무리 사랑해도 밖에서 갖가지 더러운 것을 묻혀 들어오는 자식에게 그냥 밥을 차려 주지 않습니다. "씻고 와."

아무리 사랑해도 오히려 사랑하기 때문에 더러운 것이 손과 발에 묻은 상태로 음식을 차려 주는 부모가 없듯이 우리 하나님도 마찬가지입니다. 우리를 사랑하기 때문에 우리를 품에 안으시고 우리의 손을 잡으시고 우리와 계속 함께 하고 싶어 하시지만 우리 안에 묻어 있는 이 오염된 죄악이 우리를 하나님께 가까이 갈 수 없게 하는 것입니다.

여러분, 이 말씀을 우리가 귀에 딱지가 앉도록 들었습니다. 오늘도 그냥 듣고 가지 마시고 하나님과 나 사이에 있는 방해물이 무엇인지 생각해 보십시오. 우리와 하나님 사이에서 짓고 있는 은밀한 죄악이 있다면 그것을 완전히 정리하는 시간이 되시기를 축복합니다.

산상수훈을 읽을 때마다 마음에 걸리는 말씀이 있습니다. "예물을 재단에 드리려다가 네가 형제와 불화한 일이 있거든 가서 그 불화한 자와 급히 화해하고 와서 예물을 드려라." 그 후에 주님께서 그 예물을 받으신다는 것입니다. 묻겠습니다. 저부터 과연 그렇게 할 수 있는 용기가 얼마나 있을까요? 그럴 수 있는 사람이 얼마나 있을까요?

여러분, 예배는 예배이고 사람과의 관계는 관계인 것이 아닙니다. 그것은 하나예요. 같이 맞물려 가는 것입니다. 자동차 바퀴가 4개인데 그 중에 하나가 문제가 생기면 나머지 세 바퀴로 갈 수 있는 줄 아십니까? 하나에 문제가 생기면 나머지 세 바퀴도 반드시 영향을 받습니다. 영적인 것과 육적인 것은 절대로 별개의 것이 아니라는 것을 기억하십시오.

관계는 하나님과의 관계뿐만 아니라 사람과의 죄의 관계를 반드시 정리하게 될 때 우리와 하나님 사이가 화목하게 될 수 있다는 사실을 기억하시길 바랍니다.

우리와 하나님 사이를 가로막고 있는 것이 사람입니다.

첫째는 사람을 하나님보다 더 사랑하는 경우입니다. 사람을 하나님보다 더 소중하게 생각하고 더 사랑하는 순간 하나님이 내 인생에서 두 번째로 밀려나 그분과 우리 사이에 금이 가기 시작합니다.

삼손은 드릴라를 하나님보다 더 사랑했습니다. 삼손이 겉으로는 하나님을 찾고, 하나님을 믿고 신뢰하고 있었습니다. 하나님을 믿지 않았던 것이 아닙니다. 단지 삼손은 사람을 하나님보다 더 사랑했을 뿐이었습니다. 우리가 입으로는 모두 하나님을 찾습니다. 우리 중에 누가 하나님을 떠나겠습니까? 하나님을 어떻게 믿지 않을 수가 있겠습니까? 그분이 우리에게 두 번째가 되는 순간 절대 우리는 그분의 풍성함 가운데 거할 수 없는 거예요. 이것이 영적인 원칙입니다.

사람들과의 지나친 교제입니다

사람들과 지나친 교제를 갖는 경우 하나님과 멀어질 수 있습니다. 우리는 교회에 와서 사람들과 교제를 합니다. 문제는 지나치게 사람들만 만나고 돌아간다는 거예요. 사람들과 만나서 차 마시고 허탄한 세상의 이야기를 늘어놓고 염려하고 걱정한다는 핑계로 남의 이야기를 일삼고 돌아갑니다. 기도는 10분하고 사람을 만나는데 100분을 보내고 가는 것이죠. 그러니 우리가 교회에 오는 횟수나 교회에 머무는 시간이 중요한 것이 아닙니다.

교회에 오면 하나님을 만나야 합니다. 교회에 와서 사람만 만나고 간다면 교회에 왔지만 정작 하나님은 만나지 못합니다. 심각하게 생각해 봐야 할 문제예요. 인생은 골방에서 결정되는 것입니다. 우리가 분별력을 가지고 지혜롭게 지내야 하겠습니다.

다윗의 영성은 광야의 영성이었습니다. 시편의 간절한 그의 기도는 하나님과의 깊은 사귐 속에서 나오는 것이었습니다. 삼 천 년이라는 긴 시간이 지난 지금도 시편을 볼 때 우리의 때와 맞지 않는다든가 시류에 맞지 않는다든지 고리타분하게 느끼지 않는 것은 그 속에 생명이 있기 때문입니다. 하나님과 만난 생생한 흔적들이 나타난 시편 대부분은 광야에서 완성됐다는 것을 기억하십시오. 나이도 어리고 사람과 일체의 만남도 없었지만 광야의 영성을 통하여 이룬 것입니다.

다윗의 광야생활은 3기로 나누어 볼 수 있는데 1기는 어린 시절 양을 치던 때입니다. 그때 다윗이 하나님을 깊이 묵상하고 만납니다. 2기는 그의 장인 되는 사울에게 쫓겨 다니는 그 험난한 시간들입니다. 3기는 그의 아들에게 맨발로 쫓겨나 광야의 시간을 지낼 때입니다. 이런 광야의 생활이 다윗에게 사람을 의지할 수 없게 만들었고 환경을 의지할 수 없게 만들어 그 시간을 오롯이 하나님께 집중하고, 구하고, 그분을 찾는 그런 시간으로 할애할 수 있었습니다. 그래서 그 시간이 영적으로는 정말로 부유한 시간이 될 수 있었던 것입니다.

이런 시간들을 저와 여러분이 확보할 수 있기를 축복합니다. 회의 중요하지만 너무 회의만 하지 마세요. 회의(會議)하다가 회의(懷疑)에 빠집니다. 너무 사람만 만나지 마십시오. 사람 만나다가 탈만 납니다. 우리 주님을 깊이 만나고, 우리 주님께 엎드리고, 우리 하나님을 구하고 찾는 시간이 우리를 회복시키시고, 우리를 새롭게 하실 것입니다. 사람 만나서 설득할 시간에 하나님을 설득하면 훨씬 빠릅니다. 사람 만나서 즐거움을 찾는 시간에 하나님을 만나 깊은 교제의 즐거움을 구하고 찾는 시간이 훨씬 더 귀합니다. 그것을 꼭 깨닫기를 축복합니다.

나 자신이 포기하지 못하는 것들이 있습니다

우린 때때로 주님을 사랑해서 그 일을 하고 있는지 내가 좋아서 하고 있는지 헷갈릴 때가 있어요. 내가 좋아서 그 일을 한다면 나를 사랑하기 때문에 그 일을 하는 것입니다. 누가 볼 때는 엄청난 희생을 하고 있는 것 같지만 내심은 자기를 사랑해서 그 일을 하는 것이 됩니다. 내 자신의 의, 내 자신을 사랑하는 것입니다. 나 자신을 사랑해서 그 일을 하고 있는지 정말 주님을 사랑해서 그 일을 하고 있는지 어떤 일을 오랫동안 열심히 하다가 보면 혼돈에 빠질 때가 있다는 것입니다. 여러분은 어떻습니까?

베드로가 주님께 담대하게 말합니다(막 10:28).

"주님 보십시오. 우리가 모든 것을 버리고 주를 따랐습니다."

이것이 거짓말은 아니었습니다. 실제 베드로는 그물을 버리고 배도 버렸어요. 그보다 더 어려운 부모까지도 버렸습니다. 하지만 주님이 십자가에서 죽으신 것을 목격하고 예수님을 부인하고 다시 돌아갔다는 것은 그의 버림이 완전한 버림이 아니었음을 알 수 있습니다. 버린 것 같았지만 버리지 않았던 것입니다.

베드로를 보며 저를 봅니다. 주의 종이 되고 주의 일을 한다는 것이 남이 보기에는 어마어마한 희생을 한 것 같을 수도 있지만 정작 제 자신은 하나님 앞에 버린 것이 없는 것 같습니다.

마가복음 12장 28절에서 베드로가 이 말을 하기 전에 어떤 부자의 이야기가 나옵니다. 그 부자가 주님을 따르고 싶었는데 예수님께서 네 재산을 다 정리하고 따르라고 하니까 그렇게 할 수 없었어요. 율법은 지키겠는데, 더 열심히 하나님은 섬기겠는데 그것은 할 수 없었던 것입니다. 그리고 부자가 쓸쓸히 돌아갑니다. 그것을 보고 주님께서 "부자가 천국에 가는 것은 낙타가 바늘귀에 들어가는 것보다 더 어렵다"고 말씀하셨어요.

바늘귀는 예루살렘 쪽문을 비유적으로 표현한 것으로 해가 지면 예루살렘 성문을 닫아버렸습니다. 그러니까 장사꾼들이 낙타의 등에 짐을 잔뜩 싣고 들어오다가 문이 닫히면 해가 떠오를 때까지 밖에서 날을 새야 했습니다. 급한 일이 있을 때 출입할 수 있는 쪽문이 있긴 있었는데 그 문은 사람이 기어서 들어갈 정도로 작은 문이었습니다. 낙타는 등에 혹이 있기 때문에 절대로 그 문으로 들어갈 수 없었습니다.

그러므로 예수님이 '낙타가 바늘귀에 들어가는 것보다

더 어렵다'고 하신 것은 부자가 천국에 들어가는 것은 절대로 불가능하다는 말씀이었습니다.

이 말을 들었던 제자들이 깜짝 놀랐습니다. 왜냐하면 그 당시 신앙관으로 부자는 하나님의 복을 받은 사람이었기 때문입니다. 십자가를 졌던 예수님이 저주 받았다고 평가를 받았던 이유도 그 고난과 시련은 하나님의 심판이라고 여겼기 때문입니다. 그러니 율법을 다 지키고 복을 받은 자가 단순히 부자라는 이유로 하나님 나라에 가지 못한다는 것은 제자들에게 굉장한 충격이었던 것입니다. 신앙관을 완전히 뒤흔든 말씀이었던 거예요.

제자들은 두려워 떨면서 주님을 따라갑니다. 다시 돌아간 부자는 돈을 못 버린 게 아니고 자기를 못 버린 것입니다. 베드로는 모든 것을 버리고 주님을 따랐다고 큰소리를 쳤지만 실상은 버리지 못했던 것입니다. 그러니 주님께서 재판장에 있을 때 자기의 목숨이 위태로워지니까 부인하고 맙니다. 모든 것을 버렸다고, 죽을지라도 주를 버리지 않겠다고 호언장담했는데 그 시간이 되니 버린 것이 아무것도 없었던 것입니다. 오히려 예수님을 통하여 자기가 무언가를 얻으려 했다는 것이 드러나는 순간이었습니다.

좀 어렵지만 중독된 것들을 버려야 합니다. 중독된 것을 포기하기란 굉장히 어렵습니다. 하지만 술중독이나 나쁜 습관에 중독된 것은 치열하게 영적으로 싸워서 이겨야 합니다. 내 자아를 알게 모르게 차지하고 있는 중독과 나쁜 습관들을 버릴 수 있어야 합니다.

우리가 버려야 할 것은 물질입니다. 물질, 이것은 만만하지가 않습니다. 30년이 지났는데도 포기를 못합니다. 온전한 십일조를 드리는 신앙이 결코 작은 신앙이 아닙니다. 건축헌금 드리고 선교헌금을 드리는 신앙도 작다할 수 없습니다. 여러분, 헌금생활을 제대로 하고 계십니까?

하나님께 드리는 신앙, 섬기는 신앙, 다른 사람을 살리는 신앙, 그 신앙이 힘이 있고 능력 있는 것입니다. 베푸는 자가 복이 있는 것이고, 주는 자가 복이 있는 것이며, 주는 자에게 더 흘러넘치게 되는 것입니다. 계속 받기만 하면 나중엔 아무것도 남는 게 없습니다. 이것을 꼭 기억하십시오.

마지막까지 버티고 있는 것이 바로 내 사아, 끝까지 버리기 힘든 것이 자존심입니다. 여러분에게 묻겠습니다. 지금 몸담고 있는 교회에서 오해를 받았다면 그 교회를 계속 다닐 수 있습니까? 오해 받았다는 것은 내 자존심이 상했다는 것입니다. 내가 그런 사람이 아닌데 사람들이 나를 그렇게 보니 못 견딥니다. 저도 그럴 수 있습니다. 사실 저도 오해 받는 것을 못 견딥니다. 그것까지 넘어가야 되는데 번번이 거기서 막힙니다. 그것을 넘어가면 주님을 더 뜨겁게 만날 것 같은데, 그것을 넘어서면 하나님 앞에 영적으로 더 높아질 것 같은데 그 문턱에서 우리가 번번이 패배하고 좌절하고 맙니다.

교회에서 억울한 일을 당하고도 과연 다닐 수 있는가? 그런 사람을 별로 못 봤습니다. 우리가 그것을 넘어설 때 우리는 정말로 주님 앞에 새로워질 수 있을 것입니다.

우리가 하나님께 가까이 가는 것이 평생의 소원입니다. 저는 하나님께 더 가까이 가고 싶습니다. 더 깊이 들어가고 싶습니다. 모세처럼 하나님의 사랑을 받고 하나님이 제 편을 들어주셨으면 좋겠습니다. 나에게는 간접적으로 말하지 아니하시고 직접 대면하여 말씀해 주셨으면 좋겠습니다. 하나님과 우리 사이에 뭔가 방해꾼들이 있다면 그걸 과감하게 정리해야 하는 것입니다.

첫째는 죄를 정리해야 되고, 둘째는 사람이 걸림돌이 되거든 사람도 뛰어넘어야 됩니다. 셋째는 내 자아입니다. 넷째는 세상을 사랑하는 마음입니다.

여러분, 우리가 마지막 주님 앞에 갈 때 세상을 더 누려 보지 못하고 세상을 사랑하지 못해서 후회하는 인생은 아무도 없습니다. 더 사랑하지 못해서 더 의미있게 살지 못해서 후회하고 눈물짓습니다.

하나님과 나 사이에 가로막힌 장애는 무엇입니까? 사람마다 때마다 공동체마다 하나님과 나 사이에 가로막고 있는 그 담이 무엇인지 밝히 드러나고 해결되어 하나님을 더 가까이하는 우리 모두가 되시기를 축복합니다.

가까이 둔 희망의 세상

누가복음 12:35~40

여러분 '말세지말'이라고 들어보셨죠? '말세지말' 누가 지었는지, 어떻게 시작했는지는 모르지만 한자 그대로 표현하면 종말의 끝입니다. '말세지말'이라는 단어는 사실은 어불성설이에요. 끝 '종'에 끝 '말', 종말 자체가 끝인데, 그것의 또 끝이라는 것입니다. 급박한 마지막 때를 암시하는 말이지요.

저는 부족하지만 2~3달에 한 번은 재림과 종말에 대한 메시지를 합니다. 직접적으로 하기도 하고, 간접적으로 돌려서 이야기하기도 하고, 조금 미진했다 싶으면 하고, 잊을 만하면 언급하고, 잊을만 하면 또 합니다. 보초 서는 사람한테 밤 12시에 가서 "자지마." 새벽 2시쯤 가서 "자지마." 새벽 3시쯤 가서 "자지마." 새벽 4시에 가서 "자지마." 하듯이 계속 깨웁니다.

그런데 사실은 내 영혼이 자꾸 잠을 자는 것 같아서 아무것도 안 하고 있는 자신이 한심스럽고 무서워서 이 설교를 종종 합니다. 오늘도 그런 마음으로 "자지마. 잠들면 안 돼!" 그거 이야기하려고 합니다.

나는 얼마나 깨어 있습니까?

전세 만기가 돌아와요. 요새 집값이 하늘 높은 줄 모르고 치솟으니까 걱정이 이만저만이 아닙니다. 전세도 덩달아 오릅니다. 2년 전에 전세 들어갈 때는 괜찮았는데 5천만 원, 1억씩 올려 달랍니다. 못 올린다고 하니까 주인들이 들어오겠다고 나가라고 그럽니다. 그러면 그때부터 잠이 안 옵니다. 어떻게 해서 돈을 만들까? 대출을 해야 되나?

애가 학교를 들어갔는데 등록금을 내야 하는 날이 다가옵니다. 그때까지 못 내면 대학에 못 갑니다. 일주일밖에 안 남았어요. 잠이 안 옵니다. 어떻게 되겠지 하며 그냥 얼렁뚱땅 넘어갈 수 있으신가요? 그냥 우기면 되는 거예요? 주님의 재림도 동일합니다. 이렇게 그냥 뭉개면 되는 일이 아닙니다. 대충 믿는 척해서 될 일이 아닙니다. 그런데 우리는 전세 만기 돌아오는 날 만큼도 급하지 않습니다. 깨어 있지 않습니다. 예배 끝나고 나면 또 세상 걱정하고 있습니다. 예배 끝나고 집에 돌아가면 또 뭘 먹을까? 뭘 마실까? 염려하고 있어요. 다른 사람이 문제가 아니고 내 자신이 그렇더랍니다.

여러분, 설교를 듣는 사람보다 하는 사람이 더 충격을 받습니다. 준비할 때 한 번 겪고, 선포할 때 뜨끔하고, 전하고 나면 내 양심이 "너는 그렇게 설교하고 왜 그렇게 안 살아?" 훨씬 강하게 나를 칩니다. 우리 주님 오신다면서, 하나님이 살아 계신다면서, 내 자신이 도무지 앞뒤가 안 맞는 짓을 너무 많이 하고 삽니다.

그리스도인이라면 이구동성으로 "지금이 말세라" 그렇게 이야기합니다. 말세라고 말하는 것이 당연한 시대에 살아가고 있습니다. 그 어떤 목사님이라도 "여러분, 우리 주님 오실 때가 가까이 왔으니 우리 깨어 있어야 합니다" 그러면 다 "아멘" 할 거예요. 다 공감합니다.

그런데 지금 우리에게 마귀가 수면제를 확 뿌려놨어요. 그래서 보초는 서고 있는데 눈꺼풀이 막 내려와요. 자면 안 되는데, 예수 믿는 내가 이러면 안 되는데, 지금이 어느 때인데, 그래놓고 또 눈감고 자고 있습니다.

지금이 말세라고 말하는 그 근거는 무엇입니까? 주님이 오신 지 2000년이나 지났기 때문입니까? 코로나19가 생겨서 세상이 아주 뒤숭숭하니까 지금이 종말인가요? 세상 어려운 걸로 치면 중세시대도 흑사병이 있었습니다. 흑사병으로 죽은 사람이 지금 코로나로 죽은 사람보다 훨씬 많았습니다.

어렵고 급박한 걸로 따지면 우리는 6.25도 겪었고, 일제 신사참배도 겪은 사람들이에요. 그러니까 지금은 그때보다 급박하지 않습니다. 그런데 왜 지금은 말세 중에 말세라고 말할 수밖에 없습니까? 성경에 근거하여 살펴보고자 합니다.

"성읍에서 나팔이 울리는데 백성이 어찌 두려워하지 아니하겠으며 여호와의 행하심이 없는데 재앙이 어찌 성읍에 임하겠느냐 주 여호와께서는 자기의 비밀을 그 종 선지자들에게 보이지 아니하시고는 결코 행하심이 없으시리라 사자가 부르짖은즉 누가 두려워하지 아니하겠느냐 주 여호와께서 말씀하신즉 누가 예언하지 아니하겠느냐"(암 3:6-8).

말씀에서 세 가지를 점검할 수 있습니다. 첫째 "하나님의 행하심이 없는데 어찌 재앙이 일어나겠느냐?" 어떤 일이 생졌다고 하는 것은 분명히 이유가 있는데 그 이유를 누가 만드셨느냐, 하나님이 만드셨다는 뜻입니다. 비가 오는 것은 구름이 끼니까 비가 오는 것이고, 아이가 운다는 것은 아프니까 운다는 말입니다. 이 땅에 재앙과 저주와 심판이 일어나는 모든 이면에는 하나님의 간섭이 있습니다. 이것이 아모스 선지자가 강하게 이야기하는 첫 번째 메시지입니다.

둘째는 "주 여호와께서는 자기의 비밀을 그 종 선지자들에게 보이지 아니하시고는 결코 행하심이 없으리라" 신천지에서 많이 쓰는 말입니다. 백마 탄 두 증인 중에 하나가 이만희라고 주장하지요. 그런데 여기가 복수예요. '선지자들'입니다. 한 사람이 아니에요.

예수님은 참 선지자와 거짓 선지자의 결정적인 차이는 열매에 있다고 말씀하십니다. 마태복음 7장에 나무는 열매를 보고 안다고 말씀하셨어요. 소위 예언한다고 하는 이단의 교주들, 특별한 계시를 받았다고 떠들어 대는 그 많은 사람들, 그들의 열매를 보십시오. 참 어리석기 짝이 없습니다. 그런 미혹을 받는 사람이 없도록 주님 안에서 깨어 일어나기를 축복합니다.

셋째는 "사자가 부르짖은즉 누가 두려워하지 아니하겠느냐 주 여호와께서 말씀하신즉 누가 예언하지 아니하겠느냐" 하나님이 말씀하시는데, 하나님이 그 입에 어떤 말씀과 계시를 주는데 말하지 않을 예언자가 어디에 있겠냐 그런 뜻입니다.

제가 지금 무슨 말씀을 드리려고 하냐면, 우리 예수님을 필두로 사도들과 그밖에 수많은 메신저들이 강단에서 2000년 동안 '예수님 다시 오신다'고 설교하였습니다. 그러면 이들의 한결같은 예언과 선포가 성령님이 역사하지 아니하고 일어날 수 있겠느냐는 것입니다. 여호와께서 말씀을 주시니까 그 말을 하고 있는 것입니다. 지금이 말세 중에 말세라고 말할 수 있는 근거는 성경에 이미 개시하셨기 때문입니다.

성경은 종말의 시간이 다가올 때에 주님이 오시는 그날과 그 시는 알지 못한다고 하였으나 정해져 있습니다. 몇 날 몇 시인지 우리가 모르는 것뿐이지 우리 하나님은 정해 놓았다니까요. '정해 놨다'는 말이 이상한 말이 아니에요. 그 날과 그 시는 오직 하늘에 계시는 아버지만 아시는, 아버지가 정한 날이 있어요. 그 날짜를 우리의 유익을 위해서 가르쳐 주지 않으시는 것뿐입니다. 정해져 있다는 말은 뭐냐면 그날이 가까이 오고 있다는 것입니다. 말뚝이 딱 박아져 있어요. '사람이 죽는 것은 하나님께서 정하신 바요, 그 후에는 심판이 있으리라.' 다 하나님이 정한 날이 있어요. 100살을 살든, 70을 살든, 50을 살든 하나님이 정한 날이 있습니다. 그런데 사람은 그날을 누구도 알 수 없습니다. 누구도 모르니까 이 세상이 유지되듯이 주님의 재림 날짜를 성경에 못을 박아놨다면 이 세상은 난리가 날 것입니다.

그러나 그날과 시는 분명히 알 수 없지만 그날이 다가올 때에 어떤 일이 일어난다는 징후와 징조는 말씀하셨습니다.

나라에서 '4월 15일부터는 봄이다'라고 법으로 정했다고 칩시다. 그러니까 그날부터 두꺼운 파카를 입고 다닌다든지, 백화점에서 세일한다는 명분으로 털옷을 판매한다든지 그러면 영업 정지라고 한다면 웃기는 나라겠죠? 어떤 사람은 3월 달인데 벌써 봄이라고 옷을 가볍게 입고 다니는 사람이 있고, 4월 달인데 아직도 내복 입고 다니는 사람도 있어요. 막 뼈에 바람이 들어온대. 시기를 정할 수 없는 거예요. 그런데 어느 날 길을 가다 보니까 꽃이 피었습니다.

봄이 오면 많은 사람들이 "아이고, 봄이 왔구나."라고 말합니다. 몇 날 몇 시인지는 모르지만 봄이 온 거예요. 뭘 보고 압니까? 개나리꽃이 올라오기 시작하면 봄이 가까이 옴을 아는 것처럼, 무화과나무의 잎이 얇아지면 여름이 다

가옴을 아는 것처럼 우리가 알 수 있도록 징후로 말씀하셨습니다. 그 징후가 뭔지 세 가지로 살펴보려고 합니다.

말세의 현상은 죄가 세상에 유행하는 시대가 됩니다

죄가 다양해집니다. 죄의 연령층이 낮아졌어요. 옛날에는 범죄형 얼굴이 따로 있었습니다. 사기꾼은 사기꾼처럼 생겼고 현상범들은 현상범처럼 생겼어요. 도둑놈은 도둑놈처럼 생겼어요. 그런데 지금은 그렇지 않습니다. 중학교 2학년이 범죄를 저질러요. 아주 여린 소녀 같고, 어디 가서 말 한마디도 못할 것같이 생긴 사람이 잡아놓고 보면 범죄자요, 평범한 주부가 살인을 합니다. 인터뷰하면 당당합니다. "잘못했습니다" 하고 맙니다. 전혀 죄를 반성하는 기미가 보이지 않습니다.

죄가 완전히 득세하는 세상이 되었습니다. 그런데 이 죄의 득세가 몇 년 전과 또 달라요. 앞으로 또 달라지겠죠. 우리가 이런 말을 무심코 해요.

"요즘 세상에도 그런 사람이 있어?" "아, 저 애는 요즘 애 같지 않아."

도대체 요즘 애는 어떻다는 거예요? 이게 무서운 암시예요. 어쩌다가 쓰레기 더미에 장미꽃이 하나 피듯이 요새

보기 힘든 아이가 하나 있다는 거예요. "요새도 저런 사람이 있어?" 옛날에는 그런 사람이 많았는데 요새는 그런 사람이 없다 이 말이에요. 당연한 것을 해 놨는데 칭찬 듣는 시대가 됐다 이 말입니다.

세상 곳곳에 죄가 가득해요. 소돔과 고모라가 멸망하기 직전에 어떠했는지 인류 역사에 보면 멸망을 당한 도시와 국가는 그 직전에 반드시 죄가 한도를 넘었어요.

소돔과 고모라가 불로 심판당하는 그날까지도 무슨 일이 있었습니까? 남색을 했습니다. 이방 나그네, 천사가 사람으로 나타나니까 "끌어내라. 우리가 상관하겠다." 이게 얼마나 악한 말이에요. 불량배들이 나타나서 롯의 집에 쳐들어가서 "내놔라." 합니다. 그 집에 들어온 손님을 내놓으라는 거예요. 우리가 희롱하고 상관하겠다는 겁니다. 소돔과 고모라 사람들은 다 그러하니 죄의식이 없었던 겁니다. 나만 훔쳐 먹었냐? 그 말이에요.

세계 대제국 로마는 외부의 침입으로 망한 나라가 아니에요. 내부로부터 망해 버린 나라예요. 그 찬란했던 로마가 무너지는 이유도 죄 때문이었습니다.

로마가 망하기 직전에 공중목욕탕을 지었어요. 그때 기술력으로 그런 걸 가졌다는 것은 엄청난 겁니다. 그 좋은 기술로 도서관을 짓거나 대학을 세웠으면, 서민들을 위해서 집을 지어 줬으면 얼마나 좋았겠습니까. 그런데 수천 명이 들어가는 목욕탕을 지었습니다. 그리고는 거기서 남녀가 혼탕을 했어요. 그 옛날 이천 년 전에 그렇게 문란하게 살았습니다. 그리고는 곳곳에서 못된 짓을 했어요.

그뿐 아니라 로마 시민들은 미식을 탐하기 시작했어요. 음식을 배불리 먹자니 먹을 것은 많고 배는 쉽게 불러오니 해결방법이 토하는 것이었어요. 배가 차면 손가락을 넣어서 토해냅니다. 다 토하고는 또 먹습니다. 한쪽에서는 굶어 죽어 가고 있는데 말입니다.

이들이 맛있는 걸 찾다찾다가 뭘 찾았느냐? 사람 고기를 먹는 식인 뱀장어를 양식하기 시작합니다. 양식장에 노예들을 던져버려요. 장어들이 노예들의 살덩어리를 뜯어먹고 살이 통통 오르면 그 뱀장어를 취해서 먹었어요. 로마가 망하기 전에 이짓을 했어요.

하나님이 그냥 두지 않아요. 여호와의 진노가 하늘에 닿았습니다. 그 찬란했던 로마가 망하고 무너지고 만거죠. 죄는 반드시 패망을 가져옵니다.

여러분 쓰레기 더미가 어느 정도 적당히 쌓여야지. 너무 많이 쌓여버리면 치우질 못해요. 그러다 보면 불질러 버려야 해요. 이 세상에 죄가 쌓이고 있어요. 주님이 오늘 이 시간에 오셔도 전혀 이상하지 않아요. 이 세상의 분위기가 각박하고, 돈을 사랑하고 교만하고 잔인하고 자식이 부모를 대적하는 시대가 됐어요. 주님께서 예언한 바대로 혼란하고 더럽고 악한 시대가 옵니다. 옛날에도 그랬어요. 문제는 옛날보다 지금이 훨씬 더 죄가 강해졌고 다양해졌습니다. 점점 죄가 깊어질수록, 밤이 깊어질수록 새벽이 오듯이, 죄가 깊어질수록 우리 주님이 오실 날이 가깝다는 것을 아셔야 됩니다.

문득 제가 이런 생각을 했어요. 왜 세상은 갈수록 악해져야 하는가? 우리는 세상이 더러워지는 것, 죄가 더 많아지는 거 그것을 당연하게 받아들이고 있습니다. 이게 사탄에게 지금 속고 있는 거예요. 그래야 됩니까? 세상이 점점 더러워지고 교회마저도 점점 세속화되어 갑니다. 그것이 정상인가요? 그런데 우리가 그걸 받아들이고 있어요. 이것이 말세의 징후들이다 이 말이죠. 교회도 안전하지가 않습니다.

그렇다면 우리가 말세에 무얼 해야 될까요? 지혜도 필요하고 능력도 필요하지만 그 어떤 것보다 '거룩'이 필요합니다. 마태복음 25장에 주님을 신랑이라고 묘사했죠. 열 처녀 비유에서 신랑 되신 예수님, 우리는 그분을 맞이하고 기다리고 있는 신부, 그런데 신부의 첫째 조건이 뭔지 아십니까? 깨어 있어야 합니다. 그런데 너무 당연하니까 생략된 말이 있어요. 신부의 첫째 조건, 거룩해야 된다, 성결해야 된다는 것입니다.

예수 믿는 사람이 가난할 수도 있습니다. 실수할 수도 있습니다. 덤벙댈 수 있습니다. 이용당할 수가 있습니다. 그런데 예수 믿는 우리가 공중에서 임하실 신랑 되신 예수님을 맞이할 적에 우리 모두가 반드시 간직해야 할 것은 '거룩함'입니다. 이전 것은 지나갔어요. 옛날의 죄는 끝난 거야. 이제부터 다시 시작하면 됩니다. 오늘 저와 여러분이나 철저히 회개하고, 다시 시작하는 은혜가 있기를 바랍니다.

세상의 온갖 소리가 들려와도 나와 내 집은 여호와 하나님을 믿음으로 거룩하게 살리라. 그리하여 우리 주님이 언제 오신다 할지라도 주님 앞에 만나는 우리 온 성도들이 되시기를 주님의 이름으로 축복합니다.

말세에 나타나는 현상 중에 하나가 복음을 급격하게 거부합니다

옛날에도 심했는데 더 심해진다, 아주 심해진다는 것입니다. 주님의 재림의 징조 중에 이런 말씀을 하셨어요. '만국에, 세계만방에 복음이 다 전해진 다음에야 내가 인자가 오리라.' 이건 해석에 따라 다르다고 그랬어요. 북한의 복음이 전해졌다고 볼 수도 있고 안 전해졌다고 볼 수도 있어요. 인터넷으로 들어갔다고 보면 전해진 것이고 선교사가 들어가지 못했으니 아직 들어가지 못했다 할 수도 있어요. 주님께서 판단하시는 겁니다. 함부로, 섣불리 "아직도 미전도 종족이 있는데 앞으로 이들이 다 예수 믿고 돌아오려면 이 속도로 추이해 보면 몇 년 남았겠다." 이건 굉장히 위험한 소리예요. 시간을 예측하는 것은 절대 옳지 않아요. 그건 함부로 말할 수 없습니다. 백 년이 걸릴 수도 있고 일 년이 걸릴 수도 있고 하루가 걸릴 수도 있는, 그건 주님만이 아시는 일입니다.

그런데 한 가지 분명한 것은 만국에게 복음이 전해질 때까지 주님이 기다리신다는 겁니다. 저는 이를 두 가지 의미로 봅니다. 하나, 공평한 기회를 주시려는 거예요. 모두에게 일단 복음이 다 전해진 다음에야 주님이 오신다는 것은 "내가 복음을 못 들어서 못 믿었습니다." 이 소리는 못하게 되는 거죠. 다 전해진 다음에 주님이 오시잖아요? 꼼짝 못하죠. "너는 왜 안 믿었냐?" 그때 오신다는 거예요.

둘, 조심스럽게 생각해 보건데 하나님이 정한 숫자가 있을 것이라고 봅니다. 하나님이 재림에 맞물려서 정한 것이 있어요. 첫째, 그날과 그 시를 정하셨습니다. 그런데 우리가 모르는 것뿐이지 정해져 있다고 그랬어요. 이건 이상한 이야기가 아니라 주님이 그러셨습니다. 그날과 그 시는 주님이 아신다고 말입니다. 아신다는 말은 '정했다' 이런 뜻이에요.

이는 초림과 비슷해요. 초림도 우리는 몰랐잖아요. 언제 올지 몰랐습니다. 그런데 주님이 정한 날에 오신 겁니다. 아브라함과 다윗의 자손을 통해서 유다 족속을 통하여 예수님이 오신다고 약속한 거예요. 그런데 이것을 안 믿었어요.

처녀의 몸에서 잉태하신다고 600년 전에 예측했습니다. 베들레헴에 오신다고 했잖아요. "너 베들레헴아 너는 결코 작지 않다." 왜? 그곳에 메시야가 오시니까. 그리고 주님 오실 때쯤을 통하여 아이들의 울음소리가 세상에 진동하리라. 헤롯의 폭정에 의해서 3살 이하의 아이들이 다 죽었습니다. 그거 다 예언해 놓으셨습니다. 그리고 그분이 베들레헴에서 태어났는데 어찌된 일인지 '베들레헴 예수'라고 불리지 아니하고 '나사렛 예수'라 불렸어요. 그것도 예언해 놓았습니다. 도대체 얼마 더 많은 증거가 필요한 거예요? 예수님의 초림과 관련하여 예언된 것들이 이렇게 부지기수로 많은데 다 예언이 성취됐다는 것입니다. 그런데 사람들이 안 믿었어요. 초림을 뒤집어서 생각해 보면 재림도 쉽게 우리가 이해할 수 있습니다.

성경에는 주님의 재림과 관련하여 예언한 것들이 많습니다. 세상이 각박해지고, 죄가 관용해지고, 하늘의 징조가 일어나며, 지진이 생기고, 전쟁, 난리와 난리, 역병, 전염병이 돌고, 거짓 적그리스도가 나타납니다. 단지 그날과 그 시가 정해져 있는데 우리는 알 수 없습니다. 그러나 지금 가까이 오고 있는 것을 우리가 느낄 수 있다는 것입니다.

그와 더불어서 또 하나 정해 놓으신 것이 있다면 구원의 숫자입니다. 그런데 우리는 모릅니다.

"내가 인침을 받은 자의 수를 들으니 이스라엘 자손의 각 지파 중에서 인침을 받은 자들이 십사만 사천이니"(계 7:4).

12지파에서 1만 2천 명씩 착출하니까 144,000이 되었습니다. 이것은 상징수예요. 왜 상징수라고 말할 수밖에 없냐면 이스라엘 백성들 중에 144,000만 구원받았다면 주님이 오셔야 해요. 144,000명이 이미 채워지지 않았겠어요? 지금까지 유대인 중에 예수님 믿고 거듭난 자가 144,000명밖에 안 될까요? 지금까지? 2000년 중에? 구약의 아브라함부터 포함해 가지고? 이건 상징수입니다.

문자 그대로 풀면 이스라엘 12지파 중에 12,000명씩 해서 144,000이잖아요. 그니까 144,000이라는 숫자는 그대로 풀면 안 된다는 소리예요. 교회가 있는 이유는 영혼을 살리려고 있는 거잖아요. 그러면 살릴 영혼이 없는데 뭐하러 교회가 있겠습니까? 주님이 오셨어야지. 그러니까 이 말씀은 문자적으로 해석해서는 큰 난관에 봉착하는 겁니다.

분명한 것은 하나님이 누군가를 구원하기로 택하셨다는 것입니다. 사도행전에 작정하셨다 그랬잖아요? '구원 받기로 작정된 자는 다 믿더라' 그랬어요. 저는 그 말씀을 듣고 소름이 끼쳤습니다. 구원받기로 작정된 자가 있다는 뜻입니다. 그래서 믿게 된 것이 내가 열심을 내서 믿은 것이 아니라는 뜻이에요.

"왜 믿게 되었느냐? 왜 저 사람에게 믿음이라는 것이 생겼느냐?" 알고 봤더니 우리는 이해할 수 없지만, 하나님이 구원시키려고 작정했다는 것입니다. 하나님이 택하셨습니다. 이게 엄청난 이야기예요. 작정된 자가 있다는 뜻은 곧 정한 숫자가 있다는 것입니다. 하늘에 생명책이 있습니다. 그건 모세도 말을 했고, 요한 사도도 이야기했습니다. 생명책에 있습니다. 생명책이 있다는 건 뭐예요? 명단이 작성돼 있다는 거 아니에요? 명단이 작성돼 있다는 것은 뭐예요? 숫자가 정해져 있다는 겁니다.

조금 더 우리가 깊이 생각해 보면 작성된 시간이 있는 거예요. 작성된 장소가 있는 거예요. 작정된 숫자가 있는 겁니다. 그래서 천하만국에 복음이 전해지면 그 숫자가 차게 되면, 그 숫자는 우리가 몰라요, 누군지 몰라요, 그 시를 몰라요, 그러나 주님은 정했을 것입니다. 물이 차면 넘치듯이 주님이 정한 시간과 숫자가 차면 우리 주님이 오신다, 그런 말입니다.

급속도로 복음이 거부되는 시대에 살고 있습니다. 정말로 예수 믿기 어려운 세상이 온지도 몰라요. 믿음을 지키기도 어렵지만은 새롭게 예수님을 믿기 어려워졌습니다. 성탄절이라고 교회 오라고 그러면 옵니까?

주제넘은 소리지만 우리가 온전한 믿음에 서 있다고 전제할 적에, 지금이라도 주님이 오셨으면 좋겠습니다. 우리만 생각하면, 우리가 구원받았다는 위험한 전제를 달고, 오늘 예배 끝나기 전에 오셨으면 좋겠습니다. 왜냐하면 죽지 않고 올라갈 수 있잖아요. 핍박 없이 올라갈 수 있잖아요. 지긋지긋한 빚 안 갚고 올라갈 수도 있잖습니까? 대출 안 막고 갈 수도 있잖아요. 고민 없이 가 버리면 되잖아요.

목구멍까지 '주님 얼른 오세요. 이 밤에라도 오세요.'라는 말이 올라오는데 나는 그런 기도를 한 번도 못해 봤어요. 형제를 생각하니까. 부모를 생각하니까. 주변에 안 믿는 식구들이 떠오르니까 답답하고, 불안하고, 겁이 나서 기도를 못합니다. 정말로 오셔 버릴까 봐, 지금 오시면 안 될 것 같은 생각이 드는 거예요.

너무도 위험한 저만의 확신이지만 나 하나만 생각한다면 오시면 좋겠는데, 왜 이렇게 안 보이는 영혼들이 많은지 속이 타들어 갑니다. 주일을 제대로 지키고 있는지, 예배를 잘 드리고 있는지, 기도는 하고 있는지 마음이 급해집니다.

말세지말에는 인간이 바벨탑을 쌓고 있습니다

하나님은 높은 탑을 쌓는 걸 원하는 게 아니고 하나님을 경외하며 살기를 원하셨어요. 그런데 인간이 그걸 침범했습니다. 하나님은 인간이 이 땅에서 하나님 말씀대로 풍요롭게 세상을 다스리며 살기를 원하셨지 자기의 이름을 내고 자기의 솜씨를 내고 하나님을 대적하며 살기를 원하지 않으십니다.

이 시대에 하나님이 원하시는 건 예배하는 자입니다. 하나님의 이름을 찾는 자입니다. 그런데 이 땅의 인생들이 하나님을 찾지 않습니다. 인간의 욕심만 가득한 바벨탑을 쌓고 있어요.

신디사이저 회사 중에 커즈와일이라는 회사가 있습니다. 레이 커즈와일이라는 미국에 21세기 에디슨이라고 불리는 아이큐 165인 실존 인물입니다. 이 사람이 최초로 전자건반 악기를 만든 사람이에요. 그래서 그 이름을 따서 커즈와일이라고 지었어요. 그래서 건반악기에 야마하도 있고 커즈와일도 있습니다.

이 사람이 얼마나 머리가 영특한 사람이었냐면 1980년대에 누구도 믿지 않을 때, 컴퓨터가 보급도 되기 전에 인터넷 시대가 열릴 거라고 예언을 했어요. 옛날에 PC가 얼마나 비쌌는지 아십니까? 그런데 이미 인터넷 세상이 열릴 거라고 지금부터 사십 년 전에 예언을 했습니다. 그가 1990년대에 앞으로 세상은 이런 것이 될거다라며 147개를 예측했는데 그중에 126개가 맞아 떨어졌습니다. '2009년에는 자율자동차가 등장하게 될 거다' 이것을 90년에 예언했는데 등장했어요. '2009년에 3D 프린터가 등장할 것이다'라고 했는데 진짜 나타났어요. '2020년에는 가상현실이 실제화 될거다' 했는데 AR이 등장했어요. '2030년이 되면 인간의 뇌가 컴퓨터와 교환하는 날이 올 거다' 인간의 뇌와 컴퓨터가 상호교환이 가능해지며 정보를 넣고 빼고가 가능하여 공부 자체가 무의미해질 것이라 보았습니다.

컴퓨터와 연동이 가능해지면 영어단어가 내 머릿속으로 통째로 들어옵니다. 인류 역사의 지식이 내 머릿속으로 통째로 들어와 버립니다. 학교의 역할이 지금과 달라지는 것입니다. 지식이 한순간에 다 들어옵니다. 언어가 다 익혀집니다. 2030년이 되면 이런 세상이 올 거라고 했어요. 그것이 실제로 가시권에 들어왔어요.

테슬라 자동차의 창시자 일론 머스크가 4년 전에 돈을 엄청나게 투자해서 '뉴럴 링크'라는 회사를 창립했습니다. 이 뉴럴 링크는 인간의 뇌만 연구하는 회사입니다. 4년 동안 죽기 살기로 연구해서 마침내 칩을 하나 개발했어요. 그 칩을 원숭이 뇌에다가 심으니 생각으로 컴퓨터가 움직이는 것이 가능해졌어요. 원숭이로 한 실험이 성공한 것입니다.

생각으로 컴퓨터 게임하는 것이 가능해졌어요. 이것을 인간에게 적용하는 것은 시간문제입니다. 곧 그날이 온다이 말이죠.

척추를 다쳐 사지가 마비된 사람, 다리를 못 쓰는 사람, 손을 못 쓰는 사람들의 생각은 살아 있잖아요? 이들의 정상적인 뇌에 칩을 심어서 보조장치를 달면 걸을 수 있는 날이 올 것이라고 일론 머스크가 청사진을 발표했어요. 앞으로 그렇게 될지 몰라요.

문제는 이 기술이 악용되어 내 생각과 사상을 지배하는 세상이 오면 어떻게 되는 걸까요? 내가 컴퓨터로 내 생각을 집어넣을 수 있다면 거꾸로 컴퓨터로부터 나에게 어떤 생각이 들어올 수도 있다는 것입니다. 마음을 창조하신 분은 우리 하나님밖에 없습니다. 그런데 인간이 생각을 창조하겠다는 거예요. 복음을 모르는 사람은, 성경을 모르는 사람들은 환호할지 몰라요. 그러나 예수 안에 있는 우리는 이것이 얼마나 무서운 일인지 알게 되는 것입니다.

커즈 와일은 65세 때 구글에 입사해서 인간의 뇌를 영생불사하는 방법을 연구하기 시작했어요. 커즈와일은 2030년 안에 '내 생각 기억장치' 완성을 목표하고 있습니다. 내 뇌 속에 있는 기억을 컴퓨터로 다운로드하는 것을 만들겠다는 것입니다. 그러면 어떤 일이 벌어지느냐? 우리가 죽을 때가 다가오면 신체가 곧 죽어요. 그러면 우리의 뇌를 죽기 전에 컴퓨터로 옮겨놓으면 다시 인조로봇 몸을 만들어서 그 몸에다가 컴퓨터에 있는 내 과거의 기억과 생각과 마음을 옮기면 나는 영원히 살 수 있는 거예요.

커즈 와일의 지금 나이가 74세인데 2030년까지는 어떻게든지 살아보겠다며 하루에 150알의 약을 먹으며, 1년에 11억을 쓰고 있습니다. 그때가 되면 그는 영생불사하는 존재가 될 수 있다고 믿고 있는 거예요.

인간이 바벨탑을 쌓고 있을 때 하나님께서 그냥 두지 않으셨듯이 여호와의 진노하심이 있을 것입니다. 예수님의 재림이 다가오고 있습니다. 종말의 때를 인간들이 따지고 볼 수 있겠습니까? 모든 것이 하나님의 뜻 안에 있는 거예요. 우리의 얕은 생각으로는 이해할 수 없지만 그 모든 것이 하나님의 뜻 안에서 이루어지고 있으니 그걸 누가 막겠습니까? 이제 복잡하게 생각할 것 없어요.

속히 오시리라

우리가 정신을 차리고 깨어서 우리의 믿음을 확고히 해야 할 때가 되었습니다. 미래에 대한 것이니 제 말이 오류가 있고 틀릴 수도 있어요. 그러나 한 가지 분명한 것은 우리 주 예수님이 오실 때가 가까웠다는 사실입니다. 인간의 말도 아니고 오류도 없는 하나님이 '속히 오리라'라고 말씀하셨습니다.

"허리에 띠를 띠고 등불을 켜고 서 있으라"(눅 12:35).

이스라엘 백성들은 예전에 외출을 하려면 실내에서는 허리띠를 풀고 있다가 외출을 하게 되면 허리띠를 동여맸어요. 펄럭거리고 걷기에 불편하니까 허리에 띠를 매고 준비하라. 외출 준비하거라 한 것입니다.

'밖에 신랑 되신 예수님이 오신다. 등불을 켜라. 밤에 올지 낮에 올지 모르니 낮에만 온다고 단정하지 말고 밤에도 올 수 있으니까 언제 오셔도 그분을 맞이할 수 있도록 등불을 켜고 서 있어라. 너희는 주인이 혼인집에서 돌아와 문을 두드리면 곧 열어 주려고 기다리는 사람과 같이 되라. 혼인집에 신랑 되신 예수님이 오셔서 신부된 우리를 맞이하러 오실 적에 잠자고 있다든지 흐트러져 있다든지 준비가 되어 있지 않으면 우리의 신랑 되신 예수님을 맞이할 수 없으니 깨어서 준비하거라.'

우리에게 말씀하셨습니다. 우리 모두가 깨어 있어서 서로서로 작은 것은 덮어 주고 이해하고 넘어가고 따지지 맙시다. 오직 주님 안에 깨어서 신랑 되신 예수님이 공중에서 임하실 적에 버림받지 말고 모두 다 우리 주님 맞이하는 저와 여러분이 되시기를 주님의 이름으로 축원합니다.

우리가 정신을 차리고 깨어서
우리의 믿음을 확고히 해야 할 때가 되었습니다.
그러나 한 가지 분명한 것은
우리 주 예수님이 오실 때가
가까웠다는 사실입니다.

무기력 인생이 흔들리니?

초판발행	2022년 3월 30일
지은이	박한수
펴낸이	박창원
발행처	한국장로교출판사
주소	03129 / 서울시 종로구 대학로 19, 409호(연지동, 한국기독교회관)
편집국	(02) 741-4381 / 팩스 741-7886
영업국	(031) 944-4340 / 팩스 944-2623
홈페이지	www.pckbook.co.kr
인스타그램	pckbook_insta **카카오채널** 한국장로교출판사
등록	No. 1-84(1951. 8. 3.)

책임편집 정현선
편집 원지현 이우진 김지웅   **디자인** 최종혜
경영지원 박호애 최수현   **마케팅** 박준기 이용성 성영훈
일러스트 김영화

ISBN 978-89-398-4440-7
         978-89-398-4443-8(세트)
값 12,800원

※ 이 출판물은 저작권법에 의해 보호를 받는 저작물이므로 무단전재와 무단복제를 할 수 없습니다.